Sequential Spelling 7

by Don McCabe

Family Partnership Program
Bellingham Public Schools
Library

Wave 3 Learning, Inc.

Dedication

This book is dedicated to:
All the members of the AVKO Spelling & Educational Research Foundation,
but especially to the memory of one of its first members,

Mary Clair Scott
without whose work and devotion to the cause of literacy,
the AVKO Foundation might never have gotten off the ground,

Betty June Szilagyi
who was my first and by far my most important teacher,

Devorah Wolf
without whose encouragement and commitment
to the ideals of AVKO
this edition would not be possible,

Ann, Robert, and Linda McCabe
all of whom have sacrificed much of their time and energy
helping AVKO grow
as well as all those friends and relatives
who have been a source of encouragement.

May this book help you to help others improve their abilities to read and write.

Printed in the United States of America by Wave 3 Learning, Arlington Heights, IL.
Copyright © 2006, 2003, 1992, 1975 AVKO Educational Research Foundation, Inc.
Permission is hereby given for individual parents, tutors, and educators to reproduce any list for classroom use.
Reproduction of these lists for entire schools or school districts is strictly forbidden.

1 2 3 4 5 6 7 8 9 10 11 12 Printing   Year 10 03 93 92 89 87 85 83 81 79 76 74

Publisher's Cataloging in Publication Data
McCabe, Donald J.
1. Spelling—Miscellanea 2. Reading—Miscellanea 3. Curriculum—Miscellanea 4. Literacy.
Library of Congress Subject Headings: Spelling, Reading, Curriculum
Library of Congress Classification Number: LB1050.2F79
Library of Congress Card Number: To be determined
Dewey Decimal Classification Number 428.4
ISBN: 1-56400-967-X

Wave 3 Learning
126 E. Wing St., Suite 240
Arlington Heights, IL 60004
(888-WAV3-LURN)
888-928-3576
www.wave3learning.com

The Basic Concepts of Teaching Spelling by Word Families

You may have used the concept of rhyming words that have the same letter endings to help your students learn to read. For example, you may have introduced the word *at*, then also shared *cat, bat, sat,* and maybe even *scat*. Unfortunately, you have never had any source book for finding all the rhyming words with the same spelling patterns. NOTE: In the latest academic jargon word families are now called "rimes." The consonants, consonant blends, and digraphs that precede the word family (or rime) are now called onsets. Use whatever term you wish with your students. In this book, I generally use the terms *base* or *word family* rather than the new jargon word "rime."

The Patterns of English Spelling (formerly *Word Families Plus*) is now available to be used as a source book so that you can teach any word family. This is not just a simple collection of word lists. This book consists of complete patterns to help your students (and quite often parents and teachers!) see patterns that exist and to lock in on those patterns with their "computer" brains. For example, I believe that if you can teach your students (or anyone) the word *at*, you can also teach them:

bat	bats	batted	batting		
cat	cats				
scat	scats				
flat	flats	flatted	flatting		
pat	pats	patted	patting		
spat	spats				
mat	mats	matted	matting		
rat	rats	ratted	ratting		
batter	batters	battered	battering	battery	batteries
flatter	flatters	flattered	flattering	flattery	
matter	matters	mattered	mattering		
battle	battles	battled	battling		
cattle					
rattle	rattles	rattled	rattling		

OR, for a more sophisticated example, from the word **act** you can build:

act	acts	acted	acting	active	action
fact	facts				
tract	tracts				traction
attract	attracts	attracted	attracting	attractive	attraction
distract	distracts	distracted	distracting		distraction
extract	extracts	extracted	extracting	extractive	extraction
subtract	subtracts	subtracted	subtracting		subtraction
contract	contracts	contracted	contracting		contraction

Perhaps the most important difference between the traditional approach to spelling and the AVKO (**A**udio-**V**isual-**K**inesthetic-**O**ral) approach is that we use tests as a

learning device and **not** as a method of **evaluation**. I believe that the natural method of learning is learning from mistakes, correcting their own mistakes **when** they make them—so they can learn from them. That is why I want students to correct their own mistakes **when** they make them—not hours, days, or even weeks later.

Use a Dry Erase Board to give *Sequential Spelling* Tests

On the first day of class when it comes time for spelling, you should announce to your students:

I have some good news and some bad news. First the bad news. Today and every day until the end of school we are going to have a spelling test.

The good news is that each one of you will correct your own paper.

But before we start, I want each of you to take out a sheet of paper and put your name on it.

Did everybody spell their name correctly? Good. That's my first test.

My next test is like a doctor's test. It's not for a grade so don't worry about it. Okay? Now write the following sentence:

The soldiers served their country with distinction.

If any child shows signs of struggling with the sentence, ask your child to try and spell just the word ***distinction***. If your child still finds it difficult to put down anything, ask him to just put down—in any order—some of the letters he thinks might be in the word ***distinction***.

Collect the papers. On the 96th day, you will be able to demonstrate that the students who couldn't spell ***distinction*** on the first day, were able to correctly spell it without ever having seen or studied the word. And remember that only 11% of all 5th graders can be expected to spell the word ***distinction***, and only 29% of all 6th graders. Even those who may miss the word will have a spelling much closer to the correct spelling than they did on the first day. We will expect that you will point that out to your students on the 96th day.

If each child has his own copy of the *Student Response Book*, have them open their books to page 3. Note the location of Day 1. It is in the *middle* column of page 3. This is so that when a child starts in the left hand column on page one (which happens to be the 61st day!) you can point out to him that the author, Don McCabe, wanted him to make a mistake right away, just so that you could show them the AVKO motto on the bottom of the page:

Mistakes are Opportunities to Learn

Day 2 is in the middle column on page 5.

Day 3 is in the middle column on page 7.

Day 4 is in the middle column on page 9.

The reason for this is to try to prevent the students from copying the base word that they had the day before and then just adding the -s, -ed, or -ing ending as the case may be. Just as students don't learn by copying from others, they don't learn by copying from themselves.

If your budget cannot afford the convenience of providing student response books, have them use a clean sheet of paper for every lesson.

The first word is lettuce. Will they let us make a salad without lettuce? Lettuce. Now, I want everyone of you to try. At least guess what letters lettuce begins with. If you don't get it right, it's no big deal! So you erase it and write it right. Isn't that why erasers are put on the ends of pencils?

While your children are attempting to write the word *lettuce*, there may be some rubber necks or elastic eyeballs in action.

This is not the time to jump on the child doing it, but it is the time to ask your children how much they are going to learn from someone else's mistakes. Tell them once again that they are correcting their own papers. Try to impress upon them that it doesn't make any sense to cheat. After everybody has attempted writing *lettuce*, you now ask your children: W*hat are the first four letters in* lettuce?

Most will shout out, "L-E-T-T." Now, you write on your dry erase board in black just the letters l-e-t-t. Now you ask what the last three letters of *lettuce* are. Again, there will be shouts, "YOO SEE EE" (U-C-E). You now write the *–uce* in green. . If any mistakes have been made, have them use their erasers and write it right. At this point, some of your children may question why the sound "uss" is spelled u-c-e. They probably already know that the letters u-c-e are used to spell the sound "OO-ss" as in reduce, induce, produce, etc. Perhaps this is the time to let them know that this year in spelling they will be learning to spell a great many words that only seem to contradict the rules of phonics they have been taught earlier.

Words whose base has more than one syllable nearly always have a different (but consistent!) pattern. Examples of words with a single syllable base are: *hot, hotter, lot, short, stand, under*stand, *under*stand*ing, misunder*stand*ings*. Note well that words with a single syllable base may have structural endings and prefixes that make them have many syllables and lots of letters such as the word *misunderstandings* that has five syllables and seventeen letters. But a short five-letter word such as *pilot* cannot be reduced to a meaningful one syllable base. Nor can words such as *crucial, social, special, precious, anxious, color* (Am.), *colour* (Br.) or *bureau*. This is a very important concept. Yet it is one which is rarely taught in our colleges and universities. For a complete discussion of this see McCabe, "The Mechanics of English Spelling" in *The Teaching of Reading and Spelling: a Continuum from Kindergarten through College*, pp. 131-146.

Depending upon the age of your children and their attitudes, you may try to get them to spell aloud the word with you as they trace over their correct spelling. In other words, by hearing the word (**A**udio), seeing the word (**V**isual), writing the word (**K**inesthetic), and saying the word (**O**ral), your children are using a multi-sensory approach to learning that research has demonstrated is a powerful method.

Then you give the **second** word. **produce**. *In this class, I expect all of you to* **produce**. **produce**

Each child tries to spell the word. You write **pro** in black, **duce** in green. One of your children may ask why we don't pronounced the letters p-r-o-d as "prah'd). Congratulate him for asking an intelligent question. Yes, you would think we would first say the word *prod* and then add "UCE." The fact of the matter is that we do just that when the letters p-r-o-d-u-c-e are used to describe the vegetables and fruits that come from farms and gardens and are sold in stores. Words that are spelled the same but have different pronunciations and meanings are called hetcronyms. But we don't need to go into that right now.

The third word is **induce**. To **induce** somebody to do something, is to lead them into it. **induce**. You lead a horse to water and then you may try to **induce** him to drink the water. **induce**.

Number 4 is **truce**. *Both sides agreed to a* **truce**. **truce**.

Write the *tr* in black, the letters *uce* in green.

5. **introduce** Will you **introduce** me to your friend. **introduce**

6. **reduce** It's generally easier to put on weight than to **reduce**.

7. **reproduce** Rabbits really know how to **reproduce** themselves. **reproduce**

8. **abandon** The captain gave the order to **abandon** ship. **abandon**

9. **abolish** Don't you think it's time to **abolish** blue laws? **abolish**

10. **apathy** ("AP puh thee") A comedian once said, "What's wrong with this country is **apathy**, but nobody cares." **apathy**

11. **abroad** To go **abroad** means to leave the country especially to cross the Atlantic or Pacific Oceans. **abroad**

12. **again** "One more time" means let's do it **again**. **again**

13. **agree** Don't you **agree**? **agree**

14. **ahead** Dr. Frankenstein felt a need to get **ahead** (or **a head**) in life. **ahead**

15. **among** I hope we're **among** friends. **among**

16. **amuse** It doesn't take **a muse**, just a pun to **amuse** me. **amuse**

17. **amusement** I make up puns for my own **amusement**. **amusement**

18. **avoid** You should **avoid** clichés like the plague. **avoid**

19. **awake** Are any of you still **awake**? **awake**

20. **absent** Will those of you who are **absent** please raise your hands. **absent**

21. **absence** Does **absence** really make the heart grow fonder? **absence**

22. **absurd** It's **absurd** to expect a dog to say, "Thank you." **absurd**

23. **to abuse** It's never right to **abuse** anybody, especially a child. **to abuse**

24. **child abuse** There is no excuse for **child abuse**. **child abuse**

25. **produce** ("PRAH doo-ss) Where is the **produce** department (dept.)? **produce**

Now tell your children that if they have made all their corrections they will receive an A on their paper. You should be able to quickly write A's on all of the papers.

If little Alfred E. Neumann wrote *absynthe* for *absence* and failed to catch his mistake and correct it, you should *NOT* give him an A. Obviously you really shouldn't give him an *E*. So don't give him anything except encouragement that tomorrow he will have a chance to do better and get an *A*. But make sure that he corrects his misspelling. Don't just put a check mark. Have him erase *absynthe* or *abcinse* and spell *absence* correctly.

Special Note: The word *apathy* is pronounced "AP uh T̲H̲ee." The ending – pathy is pronounced "puh T̲H̲ee" as sympathy and empathy.

Second Day

Have your children take out their *Student Response Book* or a clean sheet of paper.

Today, the first word is **Bruce**. **Bruce** *Howe knows how to fly airplanes.* **Bruce**.

Number two is **producing**. The factory started **producing** new automobiles. **producing**

Number three is **induced** *as in: The chance of getting rich quick* **induced** *a lot of people to buy into the swindler's scheme.* **induced**

Number 4 is **truces**. *How many* **truces** *have to be agreed to before peace really comes?* **truces**.

Number 5 is **introduced**. *You should have* **introduced** *me to your friend.* **introduced**

6. **reduces** I hope our new president **reduces** our deficit. **reduces**

7. **reproduced** The show **reproduced** the inside of the White House. **reproduced**

8. **abandons** I hope he **abandons** his dreams of world conquest. **abandons**

9. **abolishes** If Utopia **abolishes** the death penalty, will we? **abolishes**

10. **apathy** I could care less if I were suffering from **apathy**. **apathy**

11. **abundant** Good humor is **abundant** in comic strips. **abundant**

12. **against** If you're not with me, you're **against** me. **against**

13. **agreeable** I wish you wouldn't be so **agreeable**. **agreeable**

14. **alarm** That was just a false **alarm**. **alarm**

15. **amongst** We are **amongst** friends, aren't we? **amongst**

16. **amuses** The slightest thing **amuses** my friend. **amuses**

17. **amusements** How many kinds of **amusements** are there? **amusements**

18. **avoids** She **avoids** clichés like the plague. **avoids**

19. **awaken** Sh-h-h. You don't want to **awaken** him. Let him sleep. **awaken**

20. **abscess** Having an **abscess** is not my idea of fun. **abscess**

21. **absorb** How much water can a sponge **absorb**? **absorb**

22. **absurdity** Being the world's tallest midget is an **absurdity**, a real oxymoron. **absurdity**

23. **abuses** (uh BYOO ziz") I hope he never **abuses** his powers. **abuses**

24. **abuses** (uh BYOO siss") here are many kinds of **abuses** of power. **abuses**

25. **produce** ("PRAH doo-ss") I like to shop for fresh **produce**. **produce**

The Third Day

We begin the third day by having your children take out their *AVKO Student Response Book for Sequential Spelling* or by having them take a clean sheet of paper.

On this, the third day, you will begin the slow process of programming your students' God-given computer brains to form the various ending sounds such as –etic, -uctive, -usive, -ction, -ucing, -etically, etc. correctly.

There is no need at this time to encumber a student's mind with rules. However, if one of your precocious students asks you about the rules, you should give them whatever explanation you deem appropriate. You can start by saying:

1. **Bruce's** I hope you saw **Bruce's** badge. **Bruce's**

2. **productive** We are among the most **productive** of nations. **productive**

3. **inductive** Most of us use inductive reasoning. **inductive**

4. **deuce** What the deuce does **deuce** mean in tennis? **deuce**

5. **introducing** They will be **introducing** you in just a minute. **introducing**

6. **reducing** My friend is always trying new **reducing** diets. **reducing**

7. **reproducing** Those gerbils keep **reproducing** like crazy. **reproducing**

8. **abandoned** No pet ever likes being **abandoned**. **abandoned**

9. **abolished** That law should have been **abolished** years ago. **abolished**

10. **apathetic** My friend is so **apathetic** it's pitiful. **apathetic**

11. **achieve** Everyone should want to **achieve** as much as possible. **achieve**

12. **achieving** My friend is **achieving** what I thought was impossible. **achieving**

13. **agreeably** Our friend very **agreeably** followed my suggestion. **agreeably**

14. **alarming** The crime rate has increased at an **alarming** rate. **alarming**

15. **amount** What was the **amount** of the bill? **amount**

16. **amused** It **amused** him to picture the president vomiting **amused**

17. **apiece** It cost us exactly three dollars **apiece**. **apiece**

18. **avoided** You should have **avoided** using I-295. **avoided**

19. **awakening** I think you're in for a rude **awakening**. **awakening**

20. **absolute** I wouldn't want to live in an **absolute** dictatorship. **absolute**

21. **absorption** A sponge is noted for its **absorption** of liquids. **absorption**

22. **abundance** There is an **abundance** of dandelions in our lawn. **abundance**

23. **abused** That stray dog looks as if it has been **abused**. **abused**

24. **abusive** I have no use for people who use **abusive** language. **abusive**

25. **produce** Who is in charge of buying the fresh **produce**? **produce**

The Fourth Day

The fourth day we begin by having the students take out their *Student Response Book* and open it to page 9 or by having them take out a clean sheet of paper. Then give the following words in sentences: So that your students can learn from immediate self-correction after any mistake, show the words after each sentence. The simple word lists for days 1-8 are found on pages 28-29.

1. **mischief** The kid next door is always getting into **mischief**. **mischief**

2. **production** You don't have to make a big **production** out of it. **production**

3. **induction** In logic, **induction** is making a generalization. **induction**

4. **deuces** Some people like to play **deuces** are wild. **deuces**

5. **introduction** He is a man who needs no **introduction**. **introduction**

6. **reduction** The store said its sale was for inventory **reduction**. **reduction**

7. **reproduction** This painting is an original – not a **reproduction**. **reproduction**

8. **abandoning** I heard they are **abandoning** their plans. **abandoning**

9. **abolishing** Does **abolishing** the death penalty save money? **abolishing**

10. **apathetically** Should I care how **apathetically** they respond? **apathetically**

11. **achievement** His greatest **achievement** was perfect attendance. **achievement**

12. **achieved** We thought he should have **achieved** more. **achieved**

13. **agreement** They reached an **agreement** before the deadline. **agreement**

14. **aloud** Please read this **aloud** to the class. **aloud**

15. **amounts** If he **amounts** to anything, we'll all be surprised. **amounts**

16. **amusing** I suppose he didn't find that very **amusing**. **amusing**

17. **aware** Was Simple Simon **aware** that the pie man had only one pie for **a ware**. **aware**

18. **avoiding** Perhaps he was **avoiding** the issue at hand. **avoiding**

19. **awakened** We were **awakened** by the sounds of traffic. **awakened**

20. **absolutely** Are you **absolutely** sure we're not lost? **absolutely**

21. **abstract** The word generosity is an **abstract** noun. **abstract**

22. **abstraction** The concept of generosity is an **abstraction**. **abstraction**

23. **abusing** Some people are always **abusing** their privileges. **abusing**

24. **mischievous** Would you say Dennis the Menace is "mis **CHEE** vee us" or "**MISS** chiv vuss"? **mischievous**

25 **produce** Which store has the best **produce** department. **produce**

<u>**NOTE:**</u> Perhaps the most common misspelling of *mischievous* is *mischevious*. The common mispronunciation yields a pattern similar to *envious* and *devious*. However, *mischievous* comes from *mischief*. We just change the letter *f* to a *v* and add the same *–ous* as we do in *marvelous* and *humorous*. The "correct" pronunciation is "MISS chiv vuss."

The Fifth Day

On the 5th day we begin by having the children take out their *Student Response Book* or by having them take out a new sheet of paper, fold it, and use the first column. Then give the following words in sentences: So that your children may learn from immediate self-correction after any mistake, show the words after each sentence as follows:

1. **accept** Please **accept** my apology. **accept**

2. **acceptance** I heard his **acceptance** speech was exhilarating. **acceptance**

3. **access** We were denied **access** to the information. **access**

4. **accident** It wasn't any **accident**. They did it on purpose. **accident**

5. **accommodate** I hope you will **accommodate** my guests. **accommodate**

6. **accompany** I would like to **accompany** you on your vacation. **accompany**

7. **accomplish** There are a lot of things I would like to **accomplish**. **accomplish**

8. **accord** The two countries came to an **accord**. **accord**

9. **account** I don't have an **account** at Bloomingdales. **account**

10. **accumulate** Money doesn't **accumulate** in my bank account. **accumulate**

11. **accurate** William Tell had to be **accurate**. **accurate**

12. **accuse** I didn't **accuse** you of lying—just stretching the truth. **accuse**

13. **accustom** I had to **accustom** myself to following **a custom**. **accustom**

14. **acknowledge** I hate to **acknowledge** that I don't know everything. **acknowledge**

15. **acquaint** You should **acquaint** yourself with good literature. **acquaint**

16. **acquire** It doesn't hurt to **acquire** a bit of culture. **acquire**

17. **acquit** The jury voted to **acquit** the accused. **acquit**

18. **adapt** I have learned to **adapt** to different situations. **adapt**

19. **addition** We built an **addition** to our house. **addition**

20. **adequate** Is the insulation in your attic **adequate**? **adequate**

21. **adjacent** They sold the building **adjacent** to the vacant lot. **adjacent**

22. **adjourn** There was a motion to **adjourn** the meeting. **adjourn**

23. **adjust** It takes time to **adjust** to a new job. **adjust**

24. **administer** Who do you want to **administer** your last rites? **administer**

25. **administration** The new **administration** expects to do better. **administration**

The Sixth Day

The 6th day we begin by having the children take out their *Student Response Book* and open it to page 13 or by having them take out a clean sheet of paper.

1. **accepts** I hope your friend **accepts** your apology. **accepts**

2. **accent** Everyone has some kind of **accent**. **accent**

3. **accessible** If something is **accessible**, you can access it. **accessible**

4. **accidents** Why do **accidents** always have to happen to me? **accidents**

5. **accommodated** I'm glad you **accommodated** my friend. **accommodated**

6. **accompanied** They had to be **accompanied** by an adult. **accompanied**

7. **accomplishes** She **accomplishes** more in 10 minutes than most people do in an hour. **accomplishes**

8. **according** **According** to John, you were supposed to go home. **according**

9. **accounts** The newspaper **accounts** were all different. **accounts**

10. **accumulated** How much snow **accumulated** on the ground? **accumulated**

11. **accurately** Make sure you quote me **accurately**. **accurately**

12. **accuses** Jack always **accuses** Jill of leading him up a hill. **accuses**

13. **accustomed** Who sang, "I've grown **accustomed** to her face"? **accustomed**

14. **acknowledged** I'm glad they **acknowledged** their responsibility. **acknowledged**

15. **acquaints** My friend **acquaints** everyone in the neighborhood. **acquaints**

16. **acquires** My friend **acquires** a lot of good friends that way. **acquires**

17. **acquits** If the jury **acquits** that killer, I'll eat my hat. **acquits**

18. **adapts** A wise person constantly **adapts** his ways, his dress, and his language to fit the situation. **adapts**

19. **additions** There were no **additions** to the minutes. **additions**

20. **adequately** We were **adequately** prepared for the meeting. **adequately**

21. **adjective** What's the difference between an **adjective** and an adverb? **adjective**

22. **adjourned** We **adjourned** the meeting and went home. **adjourned**

23. **adjusted** She **adjusted** her rearview mirror. **adjusted**

24. **adopt** My friends plan to **adopt** their foster child. **adopt**

25. **adolescent** Their foster child is an **adolescent**. **adolescent**

The Seventh Day

1. **accepted** He graciously **accepted** our invitation to dinner. **accepted**

2. **accentuate** Learn to **accentuate** the positive. **accentuate**

3. **accessory** Was Jill an **accessory** to Jack's crime? **accessory**

4. **accidental** Did Humpty Dumpty die an **accidental** death? **accidental**

5. **accommodating** The hotel staff was very **accommodating**. **accommodating**

6. **accompanying** Jack was just **accompanying** Jill. **accompanying**

7. **accomplished** Liberace[1] was an **accomplished** pianist. **accomplished**

---

[1] Liberace is pronounced: Libber RAH chee. Most of your children probably do not know who this pianist was. At the height of his career he was extremely famous. He was as noted for his flamboyant dress and his candelabra as he was for his piano playing. He was one of the first celebrities to die from AIDS.

8. **accordingly** They followed the directions **accordingly**. **accordingly**

9. **accounted** Everyone was **accounted** for. **accounted**

10. **accountant** I heard you planned on being an **accountant**. **accountant**

11. **accusation** That was not an **accusation** of insanity. **accusation**

12. **accused** Who did you say **accused** you of lying to me? **accused**

13. **across** Did anyone come **across a cross**? **across**

14. **acknowledging** I believe in **acknowledging** my sources. **acknowledging**

15. **acquainted** I hope to become better **acquainted** with you. **acquainted**

16. **acquired** Sonny and Cher both **acquired** fame and fortune. **acquired**

17. **acquitted** The jury **acquitted** them of any crime. **acquitted**

18. **adapted** The dog quickly **adapted** itself to its new owner. **adapted**

19. **additional** There will be no **additional** fee charged. **additional**

20. **adhere** Must we strictly **adhere** to the rules? **adhere**

21. **adherent** The official was an **adherent** to official bureaucratic denial of responsibility policy. **adherent**

22. **adjournment** We all quickly voted for **adjournment**. **adjournment**

23. **adjustment** I had hoped for an **adjustment** in my billing.

24. **adoption** When did the **adoption** become final? **adoption**

25. **adolescents** Both **adolescents** pretended to be adults. **adolescents**

After the Seventh Day

Every single day there is a twenty-five word spelling test. Some days the tests are easier than others, but please don't panic on days like the day when the word *psychiatry* is presented. In the case of words like *psychiatry* and *psychic* what is important is the teaching of the *-psych* root, and the structural endings iatry and ic.

REMEMBER: Please **speed** your students through the tests. Give the word. Put it in a sentence. Say the word. Spell the word. Have your students (if you can) trace the corrected spelling as they spell it aloud in group chorus. Go on to the next— but make sure your students make an attempt at the spelling *before* you give the correct spelling. **Copying** your spelling does **not** help them learn. **Correcting** their own misspelling **does**.

Immediate Feedback

The most common mistake made in teaching *Sequential Spelling* is to give the entire test and then correct. This method just *won't* work. Please:

• Give each word separately.

• Say the word. Give it in a sentence.

• Let your students attempt the spelling.

• Give the correct spelling. Let each child correct his own.

• Give the next word. Repeat the process of immediate student self-correction.

Grading

If your particular system requires that a grade be given for spelling, we would recommend that tests for grading purposes be given at a separate time and that your children be graded on their learning of the spelling of the sounds — not the words. Read the sentences to your children. All they have to do is fill in the blanks. Notice that you are not testing on the whole word. You are testing only on the spelling patterns taught. That is why the initial consonants or blends are given to the children. Note: You can use this as a pre-test as well as a post-test to show real gains. How you grade these tests is up to you. Or use the 0-1 wrong = A, 2-3 = B, 4-5 = C, 6-7 = D. We don't expect that you'll have any E's.

Frequently Asked Questions

1. What are those asterisks (*) and exclamation marks doing next to some words?

The asterisks (*) merely serve as a reminder that the word so marked has a **homophone** (same pronunciation, different spelling), has a **heteronym** (same spelling, different word and different pronunciation), or does not follow the normal pattern. For example, *ache* ** should logically be spelled "*ake*." But instead of *k* we use the letters "*ch*."

2. Why don't the words used follow grade levels? *Atrocities* **is an** *11th* **grade word in our school's regular spelling text.**

Regular spelling texts as a general rule pick grade levels for words according to when the words first begin to occur in the curriculum. This would seem to make sense, but it does bring about some rather odd sequences. Since the word *ice* may not occur in the curriculum until the fourth grade when it appears in the science class, its introduction is delayed until that time even though *nice* may occur in the first grade and *twice* in the second grade, and *price* in the fifth and *rice* in the sixth. We teach the word *atrocities* only after the *-icity-* and *-icities* sounds have been taught in 18 different words.

3. Why do you have so many words that are outside the vocabulary of normal adults, such as the word "frugality"?

We use the word *frugality* as an added practice in sounding out spellings of words having the initial /fr/ sound and practice in spelling the ending *-ality*. It also gives the student a pleasant surprise and ego boost when he discovers he can spell a word that he believes he has never heard nor seen before — just because he knows basic phonics. It also gives you a chance to point out how the ending al in words like *real*, *normal*, and *legal* often have a change in sound ("ul" to "al") when the *ity* ending is added to make *ality* words.

4. Should the teacher count off for sloppy handwriting?

Since the students get to correct their own spelling, they should be expected to write clearly and legibly. In fact, we recommend that these sequential spelling tests be used for handwriting practice because the patterns, being repetitive, can be a help in developing legible handwriting. But whatever system you use or your school system requires, we believe that the **writing must be legible**. So, yes, by all means, take off for sloppy handwriting (provided the student has no physical disability and has sufficient small motor skills to write legibly).

5. Do I have to use all the words that are in the tests?

No, you don't have to use them all. You can drop some. You know your students better than we do. And, you can substitute other words for the ones we have selected. *The Patterns of English Spelling* is your best reference to select from. If for example, you would rather start with another word family, be our guest. You can use your pencil to write in your choices. Every child is different. Don't be afraid to trust your own judgment.

6. Can I give the same test more than once during the day?

Yes. If your students can profit from that, fine. We recommend, however, that you allow a minimum of an hour to pass between retests. We also recommend that the absolute maximum number of times that Sequential Spelling be given is four times in one day, whether repeats or new lessons.

7. Why are some words in bold print?

The words in **bold print** are those that are the most commonly used words and the most important to learn. You will also notice that some words (such as the words **doesn't** and **shouldn't**) which don't follow regular patterns are repeated many times throughout the series. If your students learn to spell any of the words that are not in bold face, that is so much gravy. What we want the students to learn is to spell the most common words and to learn the most common patterns that occur in words. You will discover that most of these patterns consist of only two, three, or four letters. A big word like *misunder-standings* can be broken into the following patterns: mis•un•der•st•and•ing•s.

8. Do I have to teach all the homophones and homographs listed?

Absolutely no. We have listed them for your convenience. If you wish to teach them, fine. If you don't, fine. We only ask that when they come up that you definitely use the word in a sentence that helps your students pick the right word. For example. Don't just say **mined**. Your students may think about the word **mind**.

Instead, Say something like: "*mined. Coal is still being* **mined** *in Pennsylvania. mined.*"

9. What does TPES stand for at the bottom of the pages?

TPES stands for *The Patterns of English Spelling*. This book contains all the words that share a common spelling pattern placed on the same page (or pages in the case of families like the -tion family). In our *Sequential Spelling* Series we list most of the words in each family, but not all. If a parent (or teacher) wants to include more or to give special assignments to the students, we have included the page references.

10. Can I use the words in Sequential Spelling for composition?

Yes, of course. Having your students create sentences out of the words is good exercise for their minds and will allow you to determine if they truly understand what the words really mean. You may also have them write the entire sentence that you dictate. That will help you help them handle the problems created by speech patterns, such as the "wanna's" "whutcha gonna's" etc.

11. Is there anything I can use to help my students' reading that will also reinforce the spelling?

Word Families in Sentence Context may be used in conjunction with Sequential Spelling. The page number given for *The Patterns of English Spelling* (TPES) also works for the *Word Families in Sentence Context*. You can order this resource from Wave 3 Learning, www.wave3learning.com or 888-928-3576.

12. Is there anything I can use to help my students' reading that will also reinforce the spelling?

AVKO's *New Word Families in Sentence Context* may be used in conjunction with Sequential Spelling. The page number given for *The Patterns of English Spelling* (TPES) also works for the *Word Families in Sentence Context*. This book may also be obtained from Wave 3 Learning, www.wave3learning.com.

13. What if all my questions have not been answered here?

Please email our product manager at orders@wave3learning.com.

	1st day	2nd day	3rd day	4th day
1.	! lettuce	**Bruce**	Bruce's badge	## mischief
2.	** produce	producing	**productive**	**production**
3.	induce	induced	inductive	induction
4.	truce	truces	deuce	deuces
5.	**introduce**	**introduced**	**introducing**	**introduction**
6.	**reduce**	reduces	reducing	reduction
7.	reproduce	reproduced	reproducing	reproduction
8.	abandon	abandons	**abandoned**	abandoning
9.	**abolish**	abolishes	**abolished**	abolishing
10.	apathy	apathy	apathetic	apathetically
11.	**abroad**	abundant	**achieve**	**achievement**
12.	**again**	**against**	achieving	**achieved**
13.	**agree**	**agreeable**	agreeably	**agreement**
14.	* ahead	**alarm**	alarming	aloud
15.	**among**	amongst	* amount	amounts
16.	* amuse	amuses	**amused**	**amusing**
17.	**amusement**	amusements	* apiece	aware
18.	* avoid	**avoids**	**avoided**	avoiding
19.	* awake	awaken	awakening	awakened
20.	**absent**	abscess	**absolute**	**absolutely**
21.	**absence**	absorb	absorption	**abstract**
22.	absurd	absurdity	**abundance**	abstraction
23.	to ** abuse	** abuses	abused	abusing
24.	child ** abuse	many ** abuses	abusive	## mischievous
25.	** produce department	**produce** dept.	**produce** dept.	**produce** dept.

* Homophones:

lettuce/let us	Let us have lettuce on our sandwiches.
ahead/a head	Stop ahead. He needs a head on his shoulders.
amuse/a muse	The ancient Greeks believed a comedy would amuse a muse.
avoid/a void	You should avoid having a void in your schedule.
awake/a wake	You should be wide awake when you attend a wake.
produce/pro deuce	If you paid the two of hearts enough, would that pro deuce produce a trick?
amount/a mount	He bought a mount for an unknown amount of money.
apiece/a piece	He bought a piece of pie and a piece of cake for fifty cents apiece.

** Heteronyms:

abuse ("uh B'YOO-ss)/abuse ('uh B-YOO-z")   If we abuse authority it could be called authority abuse!
produce ("proh DOO-ss")/produce ("PRAH doo-ss") Truck farmers produce a lot of produce but no trucks.

Tricky Words:

mischief & mischievous—Perhaps the most common misspelling of mischievous is mischieivous. The common mispronunciation yields a pattern similar to envious and devious. However, mischievous comes from mischief. We just change the letter f to a v and add the same –ous ending as we do in marvelous and humorous.

	5th day	6th day	7th day	8th day
1.	## accept	accepts	accepted	acceptable
2.	acceptance	accent	accentuate	accentuated
3.	## access	accessible	accessory	accessories
4.	accident	accidents	accidental	accidentally
5.	accommodate	accommodated	accommodating	accommodations
6.	* accompany	accompanied	accompanying	accompanist
7.	accomplish	accomplishes	accomplished	accomplishment
8.	* accord	according	accordingly	accordance
9.	* account	accounts	accounted	accounting
10.	accumulate	accumulated	accountant	accountants
11.	accurate	accurately	accusation	accusations
12.	accuse	accuses	accused	accusing
13.	* accustom	accustomed	* across	* across
14.	acknowledge	acknowledged	acknowledging	acknowledgment
15.	acquaint	acquaints	acquainted	acquaintance
16.	* acquire	acquires	acquired	acquiring
17.	acquit	acquits	acquitted	acquittal
18.	adapt	adapts	adapted	adapting
19.	* addition	additions	additional	additionally
20.	adequate	adequately	adhere	adhesive
21.	adjacent	adjective	adherent	adherents
22.	adjourn	adjourned	adjournment	admit
23.	adjust	adjusted	adjustment	admission
24.	administer	adopt	adoption	inadmissible
25.	administration	adolescent	* adolescents	* adolescence

* Homophones:

accompany/a company	Have you ever tried to accompany a company man?
accord/a cord/ a chord	We came to an accord over the ownership of a cord of wood. He played a strange chord.
account/a count	How do you account for a count (rather than a duke) ruling a country?
accustom/a custom	Sometimes it's difficult to accustom yourself to a custom of always bowing.
acquaint/a quaint	Did you acquaint yourself with a quaint little town?
acquire/ a quire/a choir	We tried to acquire a quire of paper for a choir.
addition/edition	In addition we had to add an editor to edit a first edition.
across/a cross	Have you ever had a cross neighbor yelling at you from across the street?
adolescents/adolescence	I wish those adolescents would soon get through their adolescence.

Tricky Words:

accept/except	Please accept my apology for inviting everybody except you to the party.
access/excess	We tried to get access to the excess materials.
affect/effect	How will this affect you? Will it really have an effect on you?

	9th day	10th day	11th day	12th day
1.	**advance**	advancement	**advantage**	advent
2.	adverb	adverbial	advantageous	adventure
3.	**advertise**	advertisement	## **advice**	adventurous
4.	**advocate**	advocating	## **advise**	advisory
5.	## **affect**	affects	affected	affecting
6.	## **effect**	**effects**	**effective**	effectively
7.	**affection**	**affectionate**	**afford**	affording
8.	**after**	afternoon	aftershock	aftertaste
9.	* allot	allots	allotment	allotments
10.	**allow**	allows	* **allowed**	allowing
11.	**almost**	* alone	* **already here**	**all ready to go**
12.	* **alter**	**alters**	altered	alterations
13.	**always**	* **aloud**	He's all **through**	we all **thought**
14.	* **altar**	altars	! **although**	**altogether** too much
15.	**also**	We **all sew** clothes.	We're **all ready**	It's **already** done.
16.	**ouch**	pouch	pouches	**although**
17.	**couch**	couches	**poached eggs**	poacher
18.	**grouch**	grouches	grouched	**grouching**
19.	Groucho Marx	**grouchy**	grouchier	grouchiest
20.	**vouch**	vouches	vouched	vouching
21.	**voucher**	vouchers	! **thorough**	! **thoroughly**
22.	slouch	slouches	slouched	**slouching**
23.	! **touch**	touches	touched	touching
24.	! **touchdown**	touchdowns	! **thorough**bred	! **thorough**fare
25	**crouch**	crouches	crouched	crouching

* Homophones:

affect/effect	If something will affect you, it has an effect on you.
already/all ready	We were all ready to go but the bus had already left.
alter/altar	They had to alter the length of the altar cloth.
aloud/allowed	We were allowed to read aloud in class.
threw/through	Who threw the ball through the window?
allot/a lot	Doctors don't allot a lot of time for their patients.
alone/a loan	She went alone to get a loan from the bank.
altogether/all together	Getting my family all together is altogether too much for me.

** Heteronyms:

advocate (AD vuh kit) n., advocate (ad vuh KAY't) v.;   An advocate's job is to advocate.

! Insane Words:

touch "tuch"	Tom said "Ouch!" before the dentist could even touch him.
although "AW'l THOH"	Although I thought I was through, I wasn't.
thorough "THUR roh"	My room needs a thorough cleaning.

TRICKY WORDS:

advice/avise	I would advise you to follow my advice.
affect/effect	How will this affect you? Will it really have an effect on you?

	13th day	14th day	15th day	16th day
1. (See Note below)	**ache**	aches	ached	aching
2.	**headache**	headaches	stomach ache	stomach aches
3.	**backache**	backaches	**Nichols**	charisma
4.	**toothache**	toothaches	Nicholas	charismatic
5.	**technical**	technically	Nichole	chiropractor
6.	technic**ality**	technicalities	Heimlich maneuver	chiropodist
7.	technicalities	technology	chemist	chlorine
8.	techn**ology**	mocha	**chemistry**	chloroform
9.	technologies	Jamocha shakes	**chemical**	chlorophyll
10.	**technique**	techniques	**chaos**	*a choir
11.	**mechanic**	**mechanics**	**mechanical**	**mechanically**
12.	**mechanize**	mechanized	mechanization	Anchorage, AK
13.	**anchor**	anchors	anchored	anchoring
14.	*! **euchre**	euchre	euchred	euchring
15.	**Eucharist**	Eucharist	Eucharist	Eucharist
16.	*! **pinochle**	pinochle	pinochle	pinochle
17.	**echo**	echoes	echoed	**echoing**
18.	**stomach**	stomachs	hierarchy	hierarchies
19.	monarch	monarchs	monarchy	monarchies
20.	**architect**	architects	architecture	architectural
21.	**psych**	**psych**	**psych**ic	**psych**ics
22.	**psych**e	**psych**es	psychi**atry**	**psych**i**atric**
23.	**psych**o	**psych**os	psychi**atrist**	**psych**i**atrists**
24.	**psych**ology	**psych**otic	psych**otics**	**psych**oanalysis
25.	**psych**ologist	**psych**ologists	psych**ological**	**psych**edelic

Note: On this page the letters ch all have the sound of /k/. You would think the word ache should be spelled ake as in lake. Religious, scientific, and medical words nearly always come from the Greek. These words use the letters ch for the sound of /k/ as in Christ, chemicals, and chronic.

* Homophones:

a choir/a quire/acquire   We tried to acquire a quire of paper for our men's choir.
euchre/you cur   I didn't say, "You cur!" I said, "Euchre!"
Nichols/nickels   Pennie Nichols always has pennies and nickels in her purse.
Nicole/knee coal   Nicole found on her knee coal that had been dropped.
pinochle/pea knuckle   If peas had fingers, could you have a pea knuckle playing pinochle?

! Insane words: euchre (YOO kur)   pinochle (Pee nuk kul).

	17th day	**18th day**	**19th day**	**20th day**
1.	**chaos**	Schenectady, NY	lichens	Kodachrome
2.	**chaotic**	scherzo	tachometer	tachometers
3.	chaotically	schizoid	schizophrenia	schizophrenic
4.	**character**	characters	characteristic	characteristics
5.	characterize	characterizes	characterized	characterization
6.	**Christ**	Christ's disciples	**Bach**	* **Bach's** music
7.	**Christian**	Christians	Christianity	Christendom
8.	! **christen**	christens	christened	christening
9.	Christine	Christina	Christopher	Christy
10.	**Chris**	**Christmas**	trachea	tracheotomy
11.	**cholesterol**	**cholesterol**	**cholesterol**	**cholesterol**
12.	**chrome**	chromosome	chromatic	bronchi
13.	# **chronic**	chronically	saccharin	bronchitis
14.	**chronicle**	**chronicles**	chronometer	chronometers
15.	chron**ology**	chronologies	**chronological**	**chronologically**
16.	anachronism	anachronisms	dichotomy	dichotomies
17.	synchronize	synchronizes	**synchronized**	synchronizing
18.	chrysanthemum	chrysanthemums	Bacchus	tachistoscope
19.	Chrysler	Chrysler's stock	bacchanalian	tachistoscopic
20.	**school**	**schools**	**schooled**	**schooling**
21.	**scholar**	scholars	**scholarship**	scholarships
22.	scholastic	scholastics	scholastically	scholasticism
23.	** **schedule**	**schedules**	**scheduled**	**scheduling**
24.	**scheme**	**schemes**	**schemed**	**scheming**
25.	schema	schematic	schematics	schematically

** Homographs: American schedule ("<u>SK</u>ED jul") / British schedule ("<u>SH</u>ED jul")

* Homophones: box/Bach's They found Bach's diary tucked away in a box.

! Insane words: christen ("KRIS sun") The word christen follows the same –sten pattern as listen, glisten and fasten in which the –st of the base word is kept for spelling purposes but changes to the sound of an ss.

 # Note: This might be the time to talk to your children about how words are coined. In Greek the word *chronos* means time. In English, chronic means all the time, a chronicle is a record of the times, chronological means in order of time, an anachronism is something horribly out of time such as a Roman soldier in 100 BCE wearing a wristwatch in a movie. Since these words are a challenge to even the brightest children, you might want to take your time going through these lessons. There is no law that says you must complete one full lesson every day.

	21st day	22nd day	23rd day	24th day
1.	See **note** below: **chef**	chefs	Chateaubriand	Chihuahua
2.	Burger Chef	chateau	chateaux	chateaus
3.	chevron	chevrons	echelon	echelons
4.	**Chevrolet**	**Chevrolets**	**Chevy**	pistachio
5.	Chablis	chauffeur	chauffeurs	chauffeuring
6.	chagrin	Chautauqua	machete	machetes
7.	chaise	Chauvin	chauvinistic	chauvinistically
8.	! **chaise longue**	chauvinist	chauvinists	chauvinism
9.	**chalet**	chalets	**cachet**	Chinook
10.	**chamois**	gauche	* **shivaree**	* **Chopin**
11.	**champagne**	champagnes	chivalry	chivalrous
12.	Lake Champlain	**cache**	**caches**	cached
13.	**chandelier**	chandeliers	chenille	**Chevies**
14.	chanson	chansons	* **crochet**	crochets
15.	chanteuse	**attaché**	**attachés**	**machine**
16.	* **chantey**	**touché**	* **Cheyenne**	**machinery**
17.	chanticleer	**papier-mâché**	* **chic**	**machinist**
18.	chapeau	chapeaux	chicanery	* **chute**
19.	**chaperone**	chaperones	chiffon	**parachute**
20.	**charades**	**cliché**	**clichés**	**clothes chutes**
21.	** Maurice Richard	* **carte blanche**	cartes blanches	* **parachutes**
22.	*! **charivari**	* **nouveau riche**	* **nouveaux riches**	* **ricochet**
23.	charlatan	charlatans	panache	ricocheted
24.	Charlemagne	**mustache**	**mustaches**	ricocheted
25.	**Charlotte**	*Charlotte's Web*	chignon	! **vichyssoise**

* **Note:** Chaise longue is often mispronounced "Chase Lounge!" It seems that most normal people have dyslexic tendencies and place the letter u after the o instead of the g. So when we hear someone correctly say, "SHAYZ Long" you will know that he means the same piece of furniture as the incorrect pronunciation, "Chase Lounge."

Homophones:
cache/cash	The police found a cache of cash, drugs, and guns.
ricochet/Rick O'Shay	Did the ball ricochet off Rick O'Shay?
chute/shoot	Did you see the bull shoot out of the chute?
Chopin/show Pan	I thought Apollo would show Pan how to play Chopin.
crochet/crow shay	Did she crochet a one hoss shay or just a crow shay?
chic/cheik/"sheek"	The chic sheik wore expensive clothes.
chantey/shanty	A working song from the wrong side of the tracks should be shanty Irish chantey.
charivari/shivaree	A shivaree is a charivari with a much easier spelling.
Cheyenne/shy Ann	My little shy Ann belongs to the Cheyenne tribe.
carte blanch/cartes blanches	One carte blanche or two cartes blanches, it's still "KAH'rt BLAW'n-sh"
nouveau riche/nouveaux riches	One nouveau riche or two nouveaux riches, it's still "NOO voh REEsh"
parachutes/pair of chutes	What a world of difference between parachutes and a pair of chutes.

** **Heteronyms:** Although Maurice Richard ("Moh REE-ss ree SHAH'rd") may seem like it should be pronounced as "Morris" Richard, French names usually receive the French pronunciation.

! Insane Words
Vichyssoise (VEE shee SWAH) is the fancy name we give to cold potato soup.
A chamois ("SHAM mee") is that very soft leather often used in wiping water off a car in a car wash.

	25th day	26th day	27th day	28th day
1. (See Note)	schnauzer	**special**	**specials**	**specialty**
2.	schlemiel	* **specialize**	specializes	* **specialties**
3.	schlock	specialization	especial	**especially**
4. (See Note)	**schmuck**	**financial**	**financially**	noncommercial
5.	schlimazel	**commercial**	**commercials**	commercially
6.	schlep	**crucial**	crucially	fiducial
7.	schmaltz	**racial**	racially	fascia
8.	Schmidt	facial	facials	facially
9.	schmo	glacial	provincial	provincials
10.	Schenken	**judicial**	judicially	**prejudice**
11.	schnitzel	judicious	injudicious	judiciary
12.	schnook	**social**	**socially**	antisocial
13.	schnorer	**official**	**officially**	**unofficial**
14.	schnozzle	**beneficial**	beneficially	beneficiary
15.	schnozzola	* **benefit**	benefits	benevolent
16.	Schultz	**artificial**	artificially	sacrificial
17.	schuss	**suspicion**	**suspicions**	* **Marcia**
18.	Schneider	**suspicious**	suspiciously	**Patricia**
19.	** **schedule**	**efficient**	**efficiently**	**efficiency**
20.	schnapps	inefficient	inefficiently	inefficiency
21.	Schick	**ancient**	proficient	proficiency
22.	Schuman	prescient	**sufficient**	**insufficient**
23.	Albert Schweitzer	**conscience**	**conscientious**	conscientiously
24.	**Schumann**	**conscious**	**omniscient**	**omniscience**
25	Schoener	**unconscious**	unconsciously	**Tricia**

Note for 25th DAY: Schmuck (or shmuck) is a highly offensive and taboo word. True, one meaning of the word is simply a stupid person. However, the word still refers to the male sexual organ and is just as taboo as using the word "prick" to describe a nasty person. Those familiar with Yiddish often do not realize that most goyim do not understand the offensiveness of the term in mixed company. For definitions of the words in Day 25 we suggest you consult *The Joys of Yiddish* by Leo Rosten (McGraw-Hill, 1968). This day's words or any day's words may be omitted. Every parent should judge the appropriateness of the content for his/her children.

Note for 26th Day: In words whose base has more than one syllable the "sh" sound is rarely spelled "sh." For 5 days there will be many words with the ci digraph that is pronounced "sh."

* **Homophones:**

special eyes/specialize	Does Maybelline specialize in making special eyes?
specialty/special tee/special tea	My specialty is hitting golf balls off a special tee while drinking a special tea.
Marcia/Marsh	Marcia and Tricia went to the movies with Marsha and Trish
benefit/Ben a fit	Will it be to our benefit to give Ben a fit?

** **Heteronyms:**

schedule ("SKED jul")/schedule ("SHED jul") The American pronunciation is "SKED jul; British, "SHED jul."

	29th day	30th day	31st day	32nd day
1. See Note:	**audacious**	pernicious	**private**	**bureaucracy**
2.	audacity	**suspicious**	**privacy**	bureaucracies
3.	fallacious	auspicious	**legacy**	**bureaucrat**
4.	**fallacy**	inauspicious	legacies	**bureaucratic**
5.	**tenacious**	avaricious	**delicate**	**diplomacy**
6.	**tenacity**	ferocious	**delicacy**	**diplomat**
7.	pugnacious	ferocity	delicacies	**diplomatic**
8.	pugnacity	**atrocious**	**prime**	technocracy
9.	capacious	**atrocity**	primacy	technocratic
10.	**capacity**	atrocities	**accurate**	idiocy
11.	**spacious**	luscious	**accuracy**	idiocies
12.	veracious	capricious	inaccuracy	**idiotic**
13.	veracity	caprice	**pirate**	**pharmacy**
14.	voracious	glacier	**piracy**	pharmacies
15.	voracity	glaciers	celibate	pharmacist
16.	loquacious	** **advocate**	celibacy	pharmaceuticals
17.	loquacity	advocacy	**democracy**	lunacy
18.	vivacious	**literate**	democracies	lunacies
19.	vivacity	**literacy**	**democrat**	lunatics
20.	**precious**	**illiterate**	**democratic**	**conspiracy**
21.	judicious	**illiteracy**	theocracy	**conspiracies**
22.	officious	profligate	theocracies	**supremacy**
23.	delicious	profligacy	theocrat	efficacy
24.	**vicious**	**immediate**	aristocracy	**secrecy**
25.	**malicious**	immediacy	**aristocrat**	**prophecy**

NOTE for 29th DAY: The –**acious** ("AY shus") pattern in words such as **audacious, gracious,** and **tenacious** have a strange **shift** in **accent** and **pronunciation** in the –**ity** form. The pattern –**acity** is pronounced **"ASS uh tee."** The same oddity occurs with the –**ocious** "OH shus" words. The –**ocity** pattern is pronounced **"AH suh tee."**

** **Heteronyms:**

advocate (AD vuh kit") n., advocate ("ad vuh KAY't") v. And advocate's job is to advocate for a client.

	33rd day	**34th day**	**35th day**	**36th day**
1.	**salad**	**salads**	**code**	coding
2.	**ballad**	**ballads**	decode	decoded
3.	jeremiad	jeremiads	encode	encoding
4.	Jeremiah	Olympia	recode	recodes
5.	Olympiad	Olympiads	* **bode**	bodes
6.	** **schedule**	** **schedules**	foreboding	** **scheduled**
7.	Iliad	Dunciad	**episode**	episodes
8.	**feud**	feuds	feuded	feuding
9.	## **feudal**	feudalism	* **mode**	modes
10.	* **cede**	* **cedes**	* **ceded**	* **ceding**
11.	concede	concedes	conceding	**concession**
12.	intercede	intercedes	interceding	intercession
13.	recede	recedes	receding	**recession**
14.	precede	precedes	preceding	preceded
15.	* ! **supersede**	* ! **supersedes**	**superseded**	**superseding**
16.	proceed	**proceeds**	**proceeded**	proceeding
17.	impede	impedes	impeded	impediment
18.	centipede	centipedes	a lymph node	lymph nodes
19.	stampede	stampedes	stampeded	stampeding
20.	mother **lode**	* **lodes**	* **rode**	**strode**
21.	**explode**	explodes	exploding	**explosion**
22.	implode	implodes	imploded	implosion
23.	erode	eroded	eroding	**erosion**
24.	corrode	corroded	corrosive	**corrosion**
25.	electrode	electrodes	cathode	! **Andre**

* Homophones:
cede/seed; ceded/seeded   The seed company was forced to cede its territory to us. The farmer seeded his field.
cedes/seeds; ceding/seeding They are ceding their rights to seeding the test fields.
recede/re-seed   Their plans to re-seed the field caused their sales to recede.
supersede/super seed   It took a super seed to supersede their plans.
bode/bowed   It doesn't bode well for good lumber sales seeing so much lumber that is bowed.
mode/mowed   The company mowed their lawn in the exact same mode.
rode/road/rowed   We rode horses. They rowed boats but not on a bumpy road.
lode/load/lowed   Can your mother load a mother lode after cows have lowed?

** Heteronyms: schedule (SHED jul, Brit) or (SKED jul, American)
Tricky Words: feudal/futile During feudal times did knights have futile fights with dragons?
! Insane Words: Andre ("AH'n dray!) Hey, hey, Andre! Let's play, Andre. Compare Andre to Andrew as in "Go Blue, Andrew. Make do, Andrew. Ann drew Andrew"

	37th day	**38th day**	**39th day**	**40th day**
1.	yodel	yodeled	yodeling	*! khan
2.	yodels	[1](BR.) yodelled	(BR.) yodelling	! **yacht** club
3.	! **model**	**modeled**	**modeling**	! khaki
4.	! **models**	(BR.) **modelled**	(BR.) **modelling**	big **yachts**
5.	! laugh	! laughs	! laughed	! laughing
6.	! laughter	! daughter	! daughters	my daughter's car
7.	[2]ghost	! ghosts	! ghosted	! ghosting
8.	* ! honor	! honors	! honored	! honoring
9.	* ! honorable	! honorably	! dishonorable	! dishonorably
10.	* ! honour	* ! honours	* ! honoured	* ! honouring
11.	* ! honourable	! honourably	! dishonourable	! dishonourably
12.	! honest	! honesty	honestly	! ghoul
13.	! dishonest	! dishonesty	! ghetto	! ghettos
14.	! aghast	! ghastly	! spaghetti	! ghoulish
15.	! rheumatism	! rheumatic fever	! khaki	! khakis
16.	! psalm	! psalms	! pterodactyl	! pterodactyls
17.	! pneumonia	! pneumatic	! ptomaine poisoning	! ptomaine
18.	! pseudo	! pseudonym	! pseudoscience	! pseudoscientific
19.	! psycho	! psychology	! psychologist	! psychological
20.	! psychic	! psychiatry	! psychiatrist	! psychiatric
21.	* ! coup	! coup d'état	*! coup de grâce*	Ptolemy
22.	**Marine Corps**	! corps	! esprit de corps	! Ptolemaic
23.	! *après vous*	! rendezvous	! debris	! *mes amis*
24.	! Chablis	! chamois	! chassis	! marquis
25.	* ! isle	* ! isles	! island	! apropos

* Homophones:

ptomaine/toe mane/tow main   Hair on the big toe (toe, main) is a toe mane. Eating a toe mane may cause ptomaine.
isle/aisle/I'll   I'll walk down the aisle on the Isle of Capri.
coup/coo   Will the pigeons coo if there is a coup d'etat ("koo day tah")?
corps/core   Can a corps be rotten to the core?
con/khan   Did the swindler con the khan?

---

[1] yodel ("YOH d'l") doubles the l in British spelling as does the word *model* in British spelling.

[2] (Most of the words marked ! (Insane Words) have silent letters. Silent h's as in ghost, honor, honest, aghast, rheumatism khaki, ghetto, spaghetti, ghoul. Silent p's in psalm, pneumonia, pseudo, psycho, coup, Ptolemy, pterodactyl, ptomaine. Silent s in vous, rendezvous, chablis, isle, chamois ("shammy"), chassis ("chassy"), degris, amis, marquis ("mahr KEE"), island, apropos ("ap ruh POH").

Evaluation Test #1 (After 40 Days)

		Pattern being tested	Lesson word is in
1.	You'll find the lettuce in the prod**uce** department.	-uce	1
2.	Don't make a big prod**uction** out of it.	-uction	4
3.	Some a**cci**dents are unavoidable.	-cci- = k/si	6
4.	I'm glad to make your a**cqu**aintance.	-cqu- = k/kw	8
5.	Will you v**ouch** for him?	-ouch	9
6.	We did a th**orough** job of cleaning that room.	-or + ough	11
7.	You're giving me a heada**che**.	ch=k	13
8.	We won the game on a te**ch**nic**ality**.	ch=k/-ality	13
9.	Don't try to **psych** me out.	y=i/ch=k	13
10.	Who needs a course in **psychology**?	y=i/ch=k + ology	13
11.	Are we still on **sch**edule?	ch=k/ule	17
12.	We don't spell **chic** "SHEEK."	ch=sh; i=ee	23
13.	It went down the **ch**ute.	ch=sh	24
14.	Let your con**science** be your guide, by Jiminy.	sci=sh/ence	26
15.	I enjoy watching some commer**cials**.	cial="shul"	27
16.	Gold is considered to be a pre**cious** metal.	ci=sh/ous=us	29
17.	Please try to be more diplom**atic**.	-atic	32
18.	Are you interested in international diplom**acy**?	-acy	32
19.	We just had time to get to the conc**ession** stand.	-ession	36
20.	Did you hear that expl**osion**?	-osion	36

Name_____   Date_____

TEST #1

Please, please, please do NOT start until your teacher gives you the directions.

You must stay with your teacher as she reads the sentences.

All you have to do is to fill in the blanks with the missing letters.

1. You'll find the lettuce in the prod_____ department.
2. Don't make a big prod_____ out of it.
3. Some a_____dents are unavoidable.
4. I'm glad to make your a____aint_____.
5. Will you v_____ for him?
6. We did a th_____ job of cleaning that room.
7. You're giving me a heada___e.
8. We won the game on a te___nic_____.
9. Don't try to _____me out.
10. Who needs a course in _____?
11. Are we still on _____edule?
12. We don't spell _____ "SHEEK."
13. It went down the _____ute.
14. Let your con_____ be your guide, by Jiminy.
15. I enjoy watching some commer_____.
16. Gold is considered to be a pre_____ metal.
17. Please try to be more diplom_____.
18. Are you interested in international diplom_____?
19. We just had time to get to the conc_____stand.
20. Did you hear that expl_____?

	41st day	**42nd day**	**43rd day**	**44th day**
1.	! * aisle	! * aisles	! bon mot	! argot
2.	! * depot	! * depots	! Bardot	one ! * escargot
3.	! potpourri	! potpourri	! tricot	two ! * escargots
4.	! Maginot	! Pinot Noir	! Godot	! Margot
5.	** buffet style	! sachet	! cachet	! ricochet
6.	chalet	chalets	** ! valet	** ! valets
7.	* filet mignon	! filets	! gourmet	! gourmets
8.	* fillet a fish	! fillets	He filleted the fish.	filleting
9.	! ballet	! Chevrolet	! Monet	! Monet's paintings
10.	! beret	a * Basque ! beret	! berets	! piquet
11.	! sobriquet	! sobriquets	! croquet	! parquet
12.	! bouquet	! bouquets	! parfait	! Andre
13.	! chez	cherchez la femme	! rendezvous	Chez Maurice
14.	appall	appalled	appalling	Pierre ! Hebert
15.	apparatus	apparel	apparatus	apparel
16.	* apparent	apparently	apparition	apparitions
17.	appeal	appeals	appealed	appealing
18.	appear	appears	appeared	appearance
19.	disappear	disappears	disappearing	disappearance
20.	appease	appeases	appeasing	appeasement
21.	append	appended	appending	appendix
22.	appendicitis	appetite	appetites	appetizing
23.	applaud	applauds	applauded	applause
24.	apply	applied	applying	applications
25	applicant	applicable	application	! cello

* Homophones:

depots/depose   Did they depose the king because he had dirty train and bus depots?
aisle/isle/I'll   I'll find an aisle in a church somewhere on the isle.
Basque beret/bask Burr Ray   If Burr Ray would bask in the sun, would he need a Basque beret?
filet/fillet/Phil lay   Will Phil lay the filet of meat down and then eat the fillet of fish.
escargot/escargots/S-cargo   Both one escargot and two escargots are pronounced S-cargo. Did you see the S-Car go?

**Note: -et as an ending is often pronounced "AY" as in buffet, chalet, filet, ballet, beret, sobriquet, bouquet, sachet, cachet, valet, gourmet, Chevrolet, croquet, ricochet, Monet, piquet, parquet, etc. The –ot ending is often pronounced "OH" as in depot, potpourri, Maginot, Margot, Perot, escargot, Pinot, etc.

** Heteronyms:
buffet("buf FAY"/buffet ("BUFF fit") Winds can buffet a ship. You can eat buffet style on a ship.
valet ("val LAY")/valet ("VAL it") Americans say "val LAY" but the British say "VAL lit."

! Insane Words: Andre ("AH'n dray"), Pierre Hebert ("Pee AY'r AY bay'r") cello ("CHEL oh")

	45th day	**46th day**	**47th day**	**48th day**
1.	* **appoint**	**appoints**	appointed	**appointment**
2.	**dis**appoint	**dis**appoints	**disappointed**	**disappointment**
3.	appraise	appraises	appraisal	appraiser
4.	**appreciate**	appreciates	appreciated	appreciative
5.	**appreciation**	appreciating	* ! *oui*	apprehension
6.	apprehend	apprehended	apprehending	apprehensive
7.	apprentice	apprentices	apprenticed	apprenticeship
8.	**approach**	approaches	approached	approaching
9.	**approve**	approves	**approved**	**approval**
10.	**dis**approve	disapproves	disapproved	**disapproval**
11.	** **appropriate**	**appropriately**	! apropos	! ouija
12.	** **approximate**	**approximately**	approximation	appurtenance
13.	* **arrange**	**arranges**	**arranged**	**arranging**
14.	! * **arraign**	arraigns	**arraigned**	**arraignment**
15.	* **array**	arrears	arrangement	arrangements
16.	* **arrest**	arrests	**arrested**	arresting
17.	**arrive**	**arrives**	**arrived**	**arriving**
18.	**rhythm**	rhythms	rhythmic	arroyo
19.	arrhythmia	arrhythmic	! *arriverderci*	arrogant
20.	! ascertain	! ascertains	! ascertained	ascertaining
21.	* **assert**	asserts	asserting	**assertive**
22.	* **assail**	assails	assailed	assertion
23.	**assault**	assaults	**assaulted**	assaulting
24.	## **assay**	assays	assayed	assaying
25.	**assemble**	assembling	**assembly**	**assemblies**

* **Homophones:**
  appoint/a point Can you appoint a point guard to a team?
  arrange/a range   Can you arrange the kitchen so we can have a range that's bigger?
  a rain/a reign/arraign During a rain storm in a king's reign they tried to arraign a thief.
  array/a ray   There's a ray of hope if there's an array of choices.
  arrest/a rest   He needed a rest before he made the arrest.
  assert/a Cert   You can assert yourself by demanding a Cert.
  assail/a sail/a sale At a sale they started to assail a sail.
  we/wee/oui   We said "Oui" to the wee people.

****Heteronyms:** appropriate "uh PROH pre it"/appropriate "uh PROH pree AY't" It's not appropriate to appropriate another's property.

\#\# **Tricky Words:** assay/essay Can you write an essay on how to assay?
! **Insane Words:** ascertain ("ASS sur TAY'n") I am certain that you can rhyme ascertain with Casper Gain.
  apropos (AP pruh POH") Giving the class clown a cream pie facial was quite apropos.
  arriverderci ("uh REE vuh DAY'r chee") Don't say good-by. Say arriverderci or until we meet again.
  ouija (WEE jee) Some people actually believe that the ouija board can be used to predict the future.

	49th day	**50th day**	**51st day**	**52nd day**
1.	assess	assesses	assessed	assessing
2.	assessor	assessors	assessment	assessments
3.	asset	assets	! * *oui*	! **ouija**
4.	* **assign**	assigns	assigned	assigning
5.	**assignment**	assignments	assistant	* **assistants**
6.	* **assist**	assists	**assisted**	assisting
7.	** **associate**	associates	association	* **assistance**
8.	assorted	**assortment**	assumption	assumptions
9.	**assume**	assumes	assumed	assuming
10.	assure	assures	**assurance**	**unassuming**
11.	attach	**attaches**	attached	attaching
12.	**attaché**	**attachés**	attachment	a **suite** of rooms
13.	attain	attains	attained	attainment
14.	**attempt**	attempts	attempted	* **attempting**
15.	**attend**	attends	attended	attending
16.	attendant	* **attendants**	* **attendance**	**attention**
17.	* **attest**	attests	attested	attesting
18.	testify	testified	testimony	testimonial
19.	* **attire**	**attitude**	attitudes	attitudinal
20.	attorney	**altitude**	altitudes	latitude
21.	* **attract**	attracts	attracted	attracting
22.	**attractive**	attractiveness	**attraction**	attractions
23.	attribute	attributes	automated	**automation**
24.	**auto**	automatic	! **autonomous**	autosuggestion
25.	**automobile**	**automotive**	autobiography	autobiographical

* Homophones:

assign/a sign	I hope they assign him to paint a sign.
assist/a cyst	The nurse was asked to assist the removal of a cyst.
attest/a test	I can attest to the difficulty of a test.
attire/a tire/a tyre.	You wear attire. You can tire. You can buy an American tire or a British tyre for your car.
attract/a tract	A tract of land can attract developers.
a tract of/attractive	A tract of land can be attractive to developers.
oui/we/wee	We answered, "Oui!" to the wee people who looked like leprechauns.
sweet/suite	It was sweet of him to rent a suite of rooms for us.
attempting/a tempting	The chef was attempting to create a tempting dessert.
attendance/attendants	How many attendants were in attendance?
assistants/assistance	How many assistants needed assistance?

** Heteronyms:

associate ("uh SOH see it")/associate ("uh SOH see AY't") I told my associate not to associate with the competition.

! Insane Words:

ouija ("wee Jee") The name of the Ouija board comes from oui (yes in French) and jah (yes in German)! We think it should have been called a ouinein board or a ouinon (pronounced "we know") board for the yes/no that is on it.

autonomous ("aw TAH'n nuh mus") A country that runs itself is considered to be autonomous.

	53rd day	**54th day**	**55th day**	**56th day**
1.	* **base**	* **bases**	* **basic**	**basically**
2.	sing ** **bass**	* **basis**	** **bases**	**baseless**
3.	* **abase**	* **abasement**	abased	**abasing**
4.	**basement**	basements	debase	**debasing**
5.	**baseball**	baseboard	basal reader	**base pay**
6.	**beyond**	**became**	beguile	**beguiling**
7.	because	begrudge	begrudgingly	* **before**
8.	**become**	becomes	**became**	**becoming**
9.	befall	befalls	**befell**	befalling
10.	**befriend**	befriends	**befriended**	befriending
11.	**begin**	**begins**	**began**	**beginning**
12.	**believe**	**believes**	**believed**	**believing**
13.	**belief**	**beliefs**	on * **behalf**	* **behavior**
14.	**behave**	behaves	behaving	* **behaviour**
15.	bemoan	bemoans	bemoaned	bemoaning
16.	**besiege**	besieges	besieged	besieging
17.	bequeath	bequeaths	bequeathed	bequest
18.	bestow	bestows	bestowed	bestowing
19.	**betray**	betrays	**betrayed**	betrayal
20.	**between**	betwixt	**beware**	**beloved**
21.	beseech	beseeches	beseeched	beseeching
22.	bewildered	bewildering	beyond	below
23.	bewitch	bewitched	bereaved	bereft
24.	* **belabor**	belabors	belabored	belaboring
25.	* **belabour**	belabours	belaboured	belabouring

* Homophones:

abase/a base/a bass	A tenor should not abase a bass for stealing a base.
bases/basis	What is the basis for your not touching all the bases?
be half/behalf	If you can be half as good as your brother, I'll do it on your behalf.
belabor/belabour	In the U.S., we often belabor a subject; in Great Britain, they belabour it.
behavior/behaviour	Be on your best behavior when in America; your best behaviour if in the British Isles.
before/ be for	How could you be for Perot before he entered the race?
basic/bay sick	If you go into the bay sick, you'll need to go to a basic sick bay.

** Heteronyms:

bass (BaY-ss)/bass ("B`ASS") I love to fish for bass and to play the bass fiddle.
bases ("BAY sis")/bases ("BAY seez") The plural of base is bases, but the plural of basis is ALSO bases!

	57th day	58th day	59th day	60th day
1.	**baggy**	baggies	baggier	baggiest
2.	shaggy	shaggier	shaggiest	shagginess
3.	**piggy**	**piggies**	Miss Piggy's	piggy-wiggy
4.	doggy	doggies	froggie (froggy)	froggies
5.	**soggy**	soggier	soggiest	**Army Air** ! * **Corps**
6.	**groggy**	groggier	groggiest	grog
7.	**buggy**	**buggies**	buggier	buggiest
8.	**muggy**	muggier	muggiest	mugginess
9.	Mr. * **Lasky**	* **Laskey's** * last key	! canoe	! canoes
10.	**pesky**	peskier	peskiest	peskiness
11.	* **whisky**	* **whiskies**	! cough drops	! **coughed**
12.	* **whiskey**	* **whiskeys**	! * **Col. Black**	the ! * **colonel's** hat
13.	**husky**	**huskies**	huskier	huskiest
14.	**risky**	**riskier**	**riskiest**	! **cantaloupe**
15.	**frisky**	friskier	friskiest	Little Friskies
16.	scaly	scalier	scaliest	! * **choir**
17.	mealy	mealier	mealiest	short ! **circuits**
18.	**lively**	livelier	liveliest	liveliness
19.	**sly**	slyly	slier	sliest
20.	**dryly**	**drier**	**driest**	slyness
21.	lily	lilies	* **holy**	**holier**
22.	**family**	* **families**	my family's car	**holiest**
23.	Emily	Emily's car	! **Dept. B**	holiness
24.	* **due**	* **duly**	unduly	* **whole**
25.	**true**	**truly**	unruly	* **wholly**

* Homophones:

due/do/dew	Do you think that the morning dew is due to atmospheric conditions?
duly/Dooley	It is duly noted that Tom Dooley hung down his head.
whisky/whiskey	It's nice to have your choice between whiskey and whisky.
Lasky/Laskey/last key	Does the last key belong to Lasky or Laskey?
family's/families/families'	My family's idea of fun is going to other families' reunions.
hole/whole	I can't believe he ate the whole doughnut hole.
holy/wholly/holey	The holy man was wholly conscious of his holey socks.
colonel/kernel/Col.	Col. Brown thinks there is a kernel of truth in how colonel is spelled.
corps/core	An apple core is different than the Marine Corps.
choir/quire	A choir is like a chorus. A quire is 500 sheets.
a choir/acquire	Almost all ministers would like to acquire a choir that never sings off-key.

^ Tricky Words:

corps/crops/corpse/corse	A corps ("KOH'r") is a group of people. Farmers grow crops. A dead body is a corpse. An archaic word for corpse is corse, of course.

! Insane Words:

circuit ("SUR kit")	Do you know what an electrical circuit is?
canoe ("kuh NOO")	Can O.E. go in the canoe?
cough ("KAW'f")	Would you rather cough or sneeze?

	61st day	62nd day	63rd day	64th day
1.	## except	exception	exceptional	exceptionally
2.	exorbitant	exotic	expansive	**expansion**
3.	**expand**	expands	expanded	**expanding**
4.	exert	exerted	exerting	exertion
5.	exhale	exhaled	exhaling	exhaustive
6.	**exhaust**	**exhausted**	**exhausting**	**exhaustion**
7.	## **expect**	**expected**	**unexpectedly**	**expectations**
8.	**exhibit**	exhibitor	exhibited	**exhibition**
9.	exhilarated	exhilarating	exhilaration	**accepted**
10.	exhort	**exquisite**	exquisitely	**acceptance**
11.	exhume	exhumes	exhumed	exhumation
12.	exile	exiles	exiled	exiling
13.	expedite	expedites	expedient	expedition
14.	**expel**	expels	**expelled**	expelling
15.	expend	expenditure	expenditures	expulsion
16.	**expense**	**expenses**	**expensive**	**unacceptable**
17.	**experience**	experiences	experienced	experiencing
18.	**experiment**	experiments	**experimental**	experimentally
19.	**expert**	experts	* **expertise**	explicit
20.	**explain**	explains	**explanation**	explanatory
21.	**extend**	extended	**extensive**	**extension**
22.	extort	extorted	extortion	extradition
23.	**extra**	!! **extraordinary**	extraordinarily	extrasensory
24.	**extravagant**	extravagance	extravaganza	extrovert
25.	**extreme**	**extremely**	extremity	extremities

* Homophones:
expert tease/expert tees/expert teas/expertise Will a golf pro with great expertise become an expert tease and tease someone who uses expert tees or drinks expert teas.
except/accept   They will accept almost any excuse except I forgot.

Tricky Words:
except/expect: I expect you to know everyone's first name except mine. Just use Mr. McCabe.

!! Note: Although the word extraordinary appears to be a compound word, it is NOT pronounced as two words extra and ordinary. Instead, it is pronounced: "eggs STR'ORD duh nay'r ree."

	Say but spell: 65th day		Say but spell: 66th day	
1.	flah'm BAY	**flambé**	mat in NAY	**matinée**
2.	hur fee AH'n SAY	**her fiancé**	fee AH'n SAY'z	**her fiancé's** ring
2.	hiz fee AH'n SAY	**his fiancée**	fee AH'n SAY'z	**his fiancée's** ring
4.	day KAH luh TAY	**décolleté**	neg luh ZHAY	**negligée**
5.	day Kah luh TAHzh	**décolletage**	at tah SHAY	**attaché**
6.	DAY koo PAHzh	**decoupage**	klee SHAY	**cliché**
7.	DAY zhah VOO	**déjà vu**	oh LAY	**olé**
8.	DAY noo MAW'n	**dénouement**	soo FLAY	**soufflé**
9.	day TAH'nt	**détente**	rez zoo MAY	**résumé**
10.	day klah SAY	**déclassé**	NAY	**née**
11.	kaf FAY	**café**	kaf FAY oh LAY	**café au lait**
12.	kuh m'YOO nuh KAY	**communiqué**	kuh m'YOO nuh KAY'z	**communiqués**
13.	sway'd	***** **suede**	AH pray VOO	**après vous**
14.	say lah VEE	**c'est la vie**	say fee NEE	**c'est finis**
15.	day b'YOO	**debut**	day bYOO'z	**debuts**
16.	day b'YOO tah'nt	**debutante**	day byoo TAH'n-t-ss	**debutantes**
17.	MOH'r rayz	**mores**	day LOO'zh	**deluge**
18.	say'n YOH'r	**señor**	say'n YOH'rz	**señors**
19.	say'n YOH'r uh	**señora**	say'n yohr uhz	**señoras**
20.	say'n yoh'r REE tuh	**señorita**	say'n Yoh'r REE tuhz	**señoritas**
21.	DAW see AY	**dossier**	daw see AY	**dossiers**
22.	AW'n tray	**entrée**	aw'n trayz	**entrées**
23.	spell out: et set ur uh	**et cetera**	et SET ur uh	**et cetera**
24.	abbreviate: et set ur uh	**etc.**	abbreviate et SET ur uh	**etc.**
25.	AH'n dray	**André**	abbreviate for example	**e.g.**

* Homophones:

suede/swayed — The trees swayed in the strong breeze. Don't step on my blue suede shoes.
née/nay/neigh — Judy Garland (née Frances Gumm) voted nay on having Mr. Ed (the talking horse) neigh.
mores/more rays — Catching more rays in the summer can be part of a sub group's mores.
deluge/day luge — Louis XIV said, "After me, the deluge." Louie said, "I'd rather slide down the day luge than the night luge."

! Insane words

mores ("moh'r RAY'z") — Customs and standards of behavior are called a society's mores.
dossier ("daw see AY") — The FBI compiled a dossier on Ronald Reagan.

	Say but spell: 67th day		**Saybut spell: 68th day**	
1.	**KAN** uh pay	canapé	kan uh PAYz	canapés
2.	a male PROH tuh zhay	protégé	PROH tuh zhay	her protégé's part
3.	a female PROH tuh zhay	protégée	PROH tuh zhay	his protégée's part
4.	PAH dray	**padre**	ro ZAY	** **rosé**
5.	kum PAH dray	**compadre**	ek spoh ZAY	**exposé**
6.	klee SHAYZ	**clichés**	pass SAY	* **passé**
7.	p'yoo RAY	purée	say AH'n-ss	**séance**
8.	soo FLAYz	**soufflés**	saw TAY	**sauté**
9.	rez zoo MAYz	**résumés**	pah TAY	**pâté**
10.	pur SAY	**per se**	riss KAY	**risqué**
11.	blah ZAY	**blasé**	day BAK'l	debacle
12.	tet ah tet	**tête-à-tête**	BESS uh may MOO choh	***Besamé Mucho***
13.	RAH'n day voo	**rendezvous**	RAH'n day voo	**rendezvous**
14.	say lush GAY'r	***c'est la guerre***	say lah vee	***c'est la vie***
15.	day b'YOO'd	**debuted**	day b'YOO ing	**debuting**
16.	day KOH'r	**décor**	pray LOOD	**prelude**
17.	MAY suh	mesa	MAY suz	mesas
18.	sur RAH pay	**serape**	sur RAH pay'z	**serapes**
19.	see nay kwah nah'n	sine qua non	see nay kwah nahn'n	sine qua non
20.	dek oh'r ray't	**decorate**	day koh'r	**décor**
21.	may t'YAY	métier	dek ur AY shunz	decorations
22.	mee tur	meter	ZHAH'k KAH'r teeAY	Jacques Cartier
23.	abbr. for: that is	* **i.e.**	abbr. for: that is	**i.e.**
24.	* and others	and others	and others	and others
25.	abbr. for: and others	**et. al.**	abbr. for: and others	**et. al.**

* Homophones:

passé/pass say — Because it's passé, don't say you'll pass, say promote students.
per se/ purr say — If it's legal for a cat to purr, say aye. The concept is correct per se, but…
décor/day corps/day core — First shift marines can be called the day corps. During the day, core the apples. We enjoyed the beautiful décor of the palace.

** Heteronyms:

rose/rosé — Rosé wine does have a light rose color to it.
expose/exposé — An exposé does expose hidden corruption.

! Insane Words

Besame Mucho ("BESS uh may MOO choh") If you know the words or the melody to this popular song, "Besame Mucho," you're probably close to retirement age.

	69th day	**70th day**	**71st day**	**72nd day**
1.	* **vein**	* **veins**	reindeer	a reindeer's nose
2.	devein	deveins	deveined	deveining
3.	* **rein**	* **reins**	* **reined**	* **reining**
4.	* **reign**	* **reigns**	* **reigned**	* **reigning**
5.	foreign	foreigner	foreigners	a foreigner's visa
6.	sovereign	sovereigns	sovereignty	a sovereign's throne
7.	* **weigh**	* **weighs**	* **weighed**	weighing
8.	* **weight**	* **weights**	* **weighted**	weighty
9.	* **eight**	**eights**	**eighty**	**eighty-one**
10.	**freight**	**freighter**	freighters	neighborhood
11.	* **neigh**	* **neighs**	neighbor	neighbors
12.	* **sleigh**	* **sleighs**	neighborly	their house
13.	inveigle	inveigles	inveigled	inveigling
14.	* **heir**	* **heirs**	* **Eire**	* **Eire's** rights
15.	heinous	skein	skeins	* **lei**
16.	*ein*	stein	Eileen	Eileen's brother
17.	*fraulein*	Einstein	eider	feisty
18.	*meister*	*burghermeister*	poltergeist	poltergeists
19.	**height**	**heights**	height	* **sheik/sheikh**
20.	Heidelburg	Heidelburg's	Heidi	Heidi's friends
21.	**receive**	receives	**received**	**receiving**
22.	**receiver**	receivers	**receipt**	**receipts**
23.	**deceive**	deceives	**deceit**	**deceitful**
24.	conceit	**conceited**	conceive	conceivable
25.	**ceiling**	ceilings	preconceived	ill-conceived

* Homophones:

ceiling/sealing	When I was little, I though sealing wax was used on a ceiling.
vein/vane/vain	They looked in vain for a vein of gold. The weather vane was painted gold.
rein/reign/rain	During his reign, we had to rein in the horses when it started to rain.
weigh/way/whey	By the way, how much did Miss Muffet weigh after eating the curds and whey?
weighed/wade	She weighed an extra pound. You can wade into the water.
weight/wait	Wait for me. My weight is none of your business.
eight/ate/8	Eight of us ate dinner at 8:00 P.M.
neigh/nay/née	Judy Garland (née Frances Gumm) said nay to Mr. Ed's neigh.
heir/air/e'er/Eire	E'er long, an heir to Eire's throne will be up in the air.
sleigh/slay	Please don't slay the driver of the sleigh.
lei/lay	Lay the lei down carefully.
sheik/sheikh/shake	Shake some sense into the sheik or the sheikh.
sheik/Schiek/chic	Mr. Schiek thought the sheik was chic.

Note: Use ei (not ie) when the vowel sounds as "AY" or as "I." See rule on p. 442, *The Patterns of English Spelling*.

	73rd day	74th day	75th day	76th day
1.	neuter	neuters	neutered	neutering
2.	**neutral**	neutrality	neutralization	* **i.e.**
3.	neutralize	neutralizes	neutralized	neutralizing
4.	**Europe**	Europe's	**European**	Europeans
5.	**Eugene**	Eugene's friends	* ! **chic**	* **e.g.**
6.	eulogy	eulogies	! **euchre**	Eucharist
7.	eulogize	eulogizes	eulogized	eulogizing
8.	neutron	neutrons	neural	neurology
9.	neurosis	neuroses	neurotic	neurotics
10.	euphoria	euphoric	Eunice	Eunice's friends
11.	**amateur**	amateurs	* **i.e.**	* **etc.**
12.	sleuth	sleuths	deuce	deuces
13.	in * **lieu** of	in * **lieu** of	chanteuse	* **et al**.
14.	**lieutenant**	**lieutenants**	* **Lt. Smith**	* **Col. Jones**
15.	connoisseur	connoisseurs	connoisseurs	a * ! **colonel**
16.	masseur	masseuse	chartreuse	Eustachian tube
17.	* **queue**	**queues**	**queued**	**queuing**
18.	Euphues	**feud**	feuded	**feuding**
19.	euphemism	euphemistic	euphemistically	feudal
20.	* *adieu*	Beulah	Walter Reuther	feudalism
21.	eucalyptus	Euphrates	feudal	kernels of corn
22.	rheumatoid	**rheumatism**	rheumatic	**leukemia**
23.	pneumatic	**pneumonia**	Reuben	Steuben
24.	streusel	coiffeur	coiffeurs	chocolate # **liqueur**
25.	* **pseudo**	pseudonym	pseudoscientific	**pseudo**

* Homophones:

Eugene/You Gene   Eugene! Me Tarzan. You Gene.
Lou/Lew/lieu/Loo   In lieu of flowers, Lou, Lew, and Loo all donated money.
Q/cue/queue   Mr. Q missed his cue to queue up.
chic/sheik/sheikh ("sheik")   Both the sheik and the sheikh like to wear clothes that are chic.
Col./colonel/kernel   When Col. Jones made colonel, he received a kernel of corn as a joke from his staff.
Lt./lieutenant   Lt. Jones wants to be promoted to captain and not to stay forever as a lieutenant.
Sue doe/Sioux dough/pseudo   The pseudo Sioux dough made me want to sue Doe, John.
i.e./that is   Always read the abbreviation i.e. as "that is" which stands for "*id est*," that is.
e.g./for example   Always say, "for example" when you read the abbreviation, e.g., which stands for exampli gratia.
et. al./ and others   Say "and others" when you encounter the abbreviation, et. al.
etc./ et cetera   Say either "et cetera" or "and so forth" when you read the abbreviation etc.

#Tricky Words: liqueur (luh KOOR)/liquor (LIK kur) A liqueur is an alcoholic beverage much sweeter than liquor and not half as strong .

	77th day	**78th day**	**79th day**	**80th day**
1.	waif	waifs	* **waiver**	waivers
2.	* **waive**	waives	**waived**	**waiving**
3.	# **motive**	motives	motivate	motivating
4.	# **motif**	motifs	motivation	motivational
5.	conducive	**persuade**	**persuading**	* **waving**
6.	**persuasive**	**persuasively**	**persuasion**	* **wavered**
7.	evasive	evade	tax evasion	evading
8.	invasive	invade	invasion	invading
9.	**adhesive**	adhere	adhesion	adhering
10.	cohesive	cohere	cohesion	coherent
11.	**decisive**	* **decide**	decision	**decisively**
12.	incisive	incisively	incision	incisions
13.	derisive	deriding	derision	derisively
14.	repulsive	repel	repulsion	repulsively
15.	**impulsive**	impelling	impulsion	**impulsively**
16.	**compulsive**	compelling	**compulsion**	**compulsively**
17.	emulsive	emulsion	revulsive	revulsion
18.	convulsive	convulsion	* **viz.**	* **viz.**
19.	expansive	expanse	expansion	expansively
20.	* **defensive**	**defending**	* **defense**	* **defensively**
21.	**offensive**	offending	**offense**	offensively
22.	**comprehensive**	comprehending	**comprehension**	comprehensively
23.	apprehensive	apprehending	apprehension	apprehensively
24.	**expensive**	expend	**expenses**	**expensively**
25.	**intensive**	intensity	* **intense**	**intensely**

* Homophones:

waive/wave — If you waive your rights you might wave good-bye to an acquittal.
waiver/waver — He didn't waver about being sent on a waiver to another team.
decide/Dee sighed — Dee sighed, "Do I have to decide now?"
intense/in tents/intents — For all intents and purposes, the heat in tents in the desert is too intense for me.
namely/viz. — The abbreviation for namely (or that is to say) is spelled viz., and is used especially to introduce examples, details, etc. The abbreviation comes from the Latin word *videlicet*.

 # Tricky Words:

motif ("moh TEE´f")/motive ("MOH tiv") What was the architect's motive for changing the motif of the building's design from Early American to Baroque?

Evaluation Test #2

(After 80 Days)

		Pattern being tested	Lesson word is in
1.	I'm sending you a big bou**quet** of roses.	quet=KAY	41
2.	I still enjoy the game of cro**quet**.	quet=KAY	43
3.	Did you fill out an a**pp**lication blank?	pp	43
4.	It was my first big **disappoint**ment.	dis/pp/oint	48
5.	I hope you're good at making a**rrangement**s	rr/ange/ment	48
6.	Yes in Spanish is *si*. In French, yes is **oui**.	(o)/u=w/+i=ee	51
7.	We a**ssumed** that you understood.	ss/ume/+(e)d	51
8.	We should not have made that ass**umption**.	um+p+tion	51
9.	Who said our taxes are an exc**essive** burden?	xc+essive	59
! 10.	It's no fun being **excl**uded from what's going on.	ex/cl..	! 58
11.	After running five miles, I'm completely **exhaust**ed.	ex/h/aust	62
12.	In fact, I'm suffering from **exhaustion**	ex/h/au/stion	64
13.	Tom's fianc**ée** is planning a surprise for him.	ée=AY	65
14.	Don't step on my blue **suede** shoes.	u=w/e=AY	65
15.	I love pies, cakes, cookies, candy, **etc**.	abbr.	65
16.	You can resume filling out your r**é**sum**é**.	é=AY	67
17.	The phrase, for example, is abbreviated **e.g.**	abbr.	66
18.	You become a for**eigner** when you leave our country.	eign+er	70
19.	You shouldn't be so con**cei**ted.	cei+t+ed	70
20.	The sh**eik** loved to wear **chic** ("SHEEK") clothing.	ch=sh/i=ee/c=k	75

! The word *excluded* was not given, but the patterns necessary to spell *excluded* have been.

Name_____   Date_____

Test #2

1. I'm sending you a big bou_____ of roses.
2. I still enjoy the game of cro_____.
3. Did you fill out an _____ation blank?
4. It was my first big _____ment.
5. I hope you're good at making a_____s
6. Yes in Spanish is *si*. In French, yes is _____.
7. We a_____ that you understood.
8. We should not have made that ass_____.
9. Who said our taxes are an exc_____ burden?
! 10. It's no fun being excl_____ from what's going on.
11. After running five miles I'm completely _____ed.
12. In fact, I'm suffering from _____
13. Tom's fianc_____ is planning a surprise for him.
16. Don't step on my blue s_____ shoes.
17. I love pies, cakes, cookies, candy, _____.
16. You can resume filling out your _____.
17. The phrase, for example, is abbreviated _____.
18. You become a for_____ when you leave our country.
19. You shouldn't be so con_____.
20. The sh_____ loved to wear _____ clothing.

	81st day	82nd day	83rd day	84th day
1.	ostensive	ostensible	ostentation	ostentatious
2.	responsive	respond	response	responding
3.	**responsible**	responsibly	responsibility	responsibilities
4.	**explosive**	**explode**	explosion	explosively
5.	erosive	erode	**erosion**	eroding
6.	corrosive	**corrode**	**corrosion**	corroded
7.	subversive	subvert	subversion	subversively
8.	comprehensive	convert	conversion	conversation
9.	cursive	massive	inconclusive	**conclusively**
10.	**conclusive**	**conclude**	**conclusion**	**inconclusively**
11.	obtrusive	obtrude	obtrusion	obtrusively
12.	inobtrusive	passive	impassive	passivity
13.	**successive**	**succeed**	**succeeding**	**succession**
14.	**recessive**	* **recede**	**receding**	**recession**
15.	regressive	regress	regression	regressed
16.	**excessive**	**exceed**	**excessively**	**excess**
17.	**aggressive**	aggressively	**aggression**	aggressor
18.	digressive	digression	digressing	digressed
19.	**progressive**	progression	**progressively**	**progressed**
20.	transgress	transgression	transgressor	**depressed**
21.	depressive	**depression**	tongue depressor	**depressing**
22.	**impressive**	**impression**	impressively	**impressed**
23.	oppressive	**oppression**	oppressively	oppressed
24.	**expressive**	**expression**	expressively	**expressing**
25.	**possessive**	**possession**	possessively	**possessed**

* Homophones:

recede/re-seed   As the flood waters began to recede, the farmers began to re-seed their crops.

	85th day	**86th day**	**87th day**	**88th day**
1.	missive	missives	mission	* e.g.
2.	submissive	submission	submissively	submitting
3.	admissive	admission	admit	admittance
4.	emissive	emission	emit	emissions
5.	remissive	remission	remit	remittance
6.	**omissive**	**omission**	**omit**	**omitted**
7.	permissive	permission	permit	permitting
8.	percussive	percussion	abusive	child abuse
9.	effusive	diffusive	profusive	profusion
10.	transfusive	transfusion	reclusive	reclusion
11.	seclusive	seclusion	inclusive	**inclusion**
12.	**conclusive**	**conclusion**	concluded	**including**
13.	**exclusive**	**exclusion**	excluded	**exclusively**
14.	# **indicative**	**indication**	**indicator**	**indicating**
15.	# **provocative**	**provocation**	**provoke**	provocatively
16.	sedative	sedation	sedate	sedatives
17.	**creative**	**creation**	creating	**creativity**
18.	**negative**	negation	negate	negatively
19.	**appreciative**	**appreciation**	appreciated	appreciatively
20.	**interrogative**	**interrogation**	**talkative**	**interrogator**
21.	**initiative**	**initiation**	**initial**	**initiate**
22.	**relative**	**relations**	**relativity**	**relating**
23.	contemplative	contemplation	contemplate	contemplating
24.	superlative	**superior**	* **viz.**	* **i.e.**
25.	**legislative**	**legislate**	**legislature**	**legislation**

* Homophones:

namely/viz. The abbreviation for namely (or that is to say) is spelled viz., and is used especially to introduce examples, details, etc. The abbreviation comes from the Latin word *videlicet* ("wid DAY lik ket").

for example/e.g. The abbreviation for *for example* is e.g. (Latin *exempli gratia*).

that is/i.e. The abbreviation for *that is* is i.e. (Latin *id est*).

profits/prophets Prophets who make profits are usually phonies.

 # NOTE: Many of the words on this page have accent shifts, e.g., indicate ("IN duh KAY't") shifts to indicative ("in DIK uh TIV"). Provoke ("pro VOH'k") becomes provocative ("pro VAH'k uh tive") and provocation ("PRAH vuh KAY shun"). There are just too many to list. Please make sure you know all the pronunciations.

	89th day	**90th day**	**91st day**	**92nd day**
1.	speculative	speculators	speculate	speculating
2.	formative	formation	normative	**normal**
3.	**native**	nativity	natal	**nation**
4.	**imaginative**	**imagine**	**imagination**	imaginatively
5.	nominative	nominate	nomination	nominees
6.	**alternative**	alternatives	alternator	** **alternate**
7.	declarative	**declare**	declaration	declaring
8.	comparative	**compare**	**comparison**	**comparing**
9.	imperative	imperial	emperor	empires
10.	**lucrative**	filthy lucre	figurative	**figures**
11.	operative	operator	operation	operatives
12.	recuperative	recuperate	recuperation	**laxatives**
13.	**decorative**	**decorate**	**decoration**	**decorators**
14.	**cooperative**	**cooperate**	**cooperation**	cooperatively
15.	restorative	**restore**	restoration	* **et al.**
16.	**narrative**	**narrate**	**narration**	**narrator**
17.	**administrative**	administrate	**administration**	administrators
18.	demonstrative	**demonstrate**	**demonstration**	**demonstrators**
19.	illustrative	**illustrate**	**illustration**	**illustrators**
20.	qualitative	**quality**	**qualities**	**qualifications**
21.	quantitative	**quantity**	**quantities**	quantify
22.	imitative	**imitate**	**imitation**	inimitable
23.	authoritative	**authority**	**authorities**	authoritatively
24.	**tentative**	tentatively	**intent**	for all **intents**
25.	**representative**	**represent**	**representation**	**representing**

* Homophones:

and elsewhere/and others/et al.   The abbreviation for "and elsewhere" or "and others" is "et al."
intense/intents/in tents   For all intents and purposes, intense heat in tents is to be avoided.

 # NOTE: Many of the words on this page have accent shifts, e.g., speculate (SPEK yoo LAY't) shifts to speculative (SPEK yoo luh tive). Demonstrate (DEM un STRAY'T) becomes demonstrative (duh MAH'n struh tive) and native (NAY tiv) becomes nativity (nuh TIV uh tee). There are just too many to list. Please make sure you know all the pronunciations.

	93rd day	**94th day**	**95th day**	**96th day**
1.	preventative	**prevention**	**preservative**	**preservation**
2.	denotative	denotation	denote	denoting
3.	connotative	connotation	connote	connoting
4.	**conservative**	**conservation**	**action**	**actively**
5.	**active**	**activities**	**activate**	activation
6.	inactive	inactivity	deactivate	deactivation
7.	radioactive	radioactivity	retroactive	invective
8.	**defective**	too many **defects**	He **defected**	defector
9.	**effective**	**effectively**	**ineffective**	ineffectively
10.	perfective	**perfection**	subjective	adjective
11.	**objective**	**objectives**	detectives	detection
12.	elective	**election**	**protective**	**protection**
13.	**selective**	**selection**	convective	convection
14.	deflective	deflection	vindictive	vindictively
15.	reflective	reflection	restrictive	restrictions
16.	inflective	inflection	**distinctive**	**distinction**
17.	**collective**	**collection**	**instinctive**	**instinctively**
18.	connective	**connection**	deductive	deductions
19.	respective	respectively	inductive	induction
20.	retrospective	retrospectively	**productive**	**production**
21.	introspective	introspection	reproductive	reproduction
22.	**prospective**	prospectors	obstructive	obstruction
23.	**perspective**	perspectives	**destructive**	**destruction**
24.	**directive**	**directions**	**instructive**	**instructions**
25.	**corrective**	**corrections**	**constructive**	**construction**

	97th day	98th day	99th day	100th day
1.	reconstructive	**reconstruction**	inventive	**invention**
2.	expletive	expletives deleted	**motive**	**motivation**
3.	**secretive**	genitive	* **plaintive**	**complaint**
4.	additive	additionally	* **plaintiff**	plaintiffs
5.	prohibitive	**prohibition**	votive	devotion
6.	fugitive	fugitives	** tempus fugit	infinitive
7.	**primitive**	primitives	**captive**	**captivate**
8.	cognitive	cognition	**recognition**	**recognize**
9.	metacognitive	metacognition	**deceptive**	**deception**
10.	definitive	definition	**definite**	**definitely**
11.	punitive	nutrients	**receptive**	**reception**
12.	nutritive	nutrition	perceptive	perception
13.	acquisitive	acquisition	**acquire**	inception
14.	**inquisitive**	inquisition	**inquire**	supportive
15.	transitive	transition	**descriptive**	**description**
16.	intransitive	incentive	# **prescriptive**	# **prescription**
17.	**sensitive**	**sensitivity**	# **proscriptive**	# **proscription**
18.	insensitive	insensitivity	redemptive	redemption
19.	**positive**	**position**	presumptive	presumption
20.	**repetitive**	**repetition**	consumptive	consumption
21.	**competitive**	**competition**	# **adaptive**	adaptation
22.	intuitive	**intuition**	# **adoptive**	**adoption**
23.	retentive	retention	eruptive	eruption
24.	attentive	**attention**	interruptive	**interruption**
25.	preventive	**prevention**	corruptive	**corruption**

* Homophones:

plaintive/plaintiff   In a small plaintive ("whiney") voice, the plaintiff asked the judge to find in his favor.

** Note tempus (time) fugit (runs away) Does time fly or is time a thief?

 # Tricky Words:

adapt/adopt   We can adapt to changes. We can adopt new ways. Hmmmm.
prescriptive/proscriptive   prescribe/proscribe are antonyms. So too, prescriptive and proscriptive have absolute opposite meanings. "Must have or should do" is prescriptive. Must NOT do, should NOT do is proscriptive.

	Pronunciation Guide	**101st day**	Pronunciation Guide	**102nd day**
1.	diss RUP tiv	disruptive	diss RUP shun	disruption
2.	uh SUR tiv	assertive	uh SUR shun	assertion
3.	SPOH'r tive	sportive	FUR tiv	furtive
4.	FESS tiv	festive	fess TIV uh tee	festivity
5.	FESS tuh vul	**festival**	fess TIV uh teez	festivities
6.	diss TRIB yoo tiv	distributive	DISS truh BYOO shun	**distribution**
7.	kun SEK yoo tiv	**consecutive**	kun SEK yoo tiv lee	consecutively
8.	eg ZEK yoo tiv	**executive**	eg ZEK yoo tivz	executives
9.	sug JESS tiv	**suggestive**	sug JESS chun	**suggestion**
10.	dyh JESS tive	digestive	dyh JESS chun	digestion
11.	eg ZAW stiv	exhaustive	eg ZAW-ss chun	exhaustion
12.	dim MIN yoo tiv	diminutive	ESS pee uh NAH-zh	espionage
13.	guh RAH-zh	**garage**	guh RAH zhiz	garages
14.	mur RAH-zh	## mirage	mur RAH-zhiz	mirages
15.	KAM uh FLAH-zh	camouflage	KAM uh FLAH zhiz	camouflages
16.	buh RAH-zh	barrage	buh RAH zhiz	barrages
17.	muh SAH-zh	## massage	SAB uh TOO'r	saboteur
18.	SAB uh TAH-zh	sabotage	SAB uh TAH zhiz	sabotages
19.	AW'n toor RAH-zh	entourage	AW'n toor RAH zhiz	entourages
20.	kul LAH-zh	## collage	kul LAH zhiz	collages
21.	mah'n TAH-zh	montage	mah'n TAH zhiz	montages
22.	DAY koo PAH-zh	découpage	moo LAH'n ROO-zh	Moulin Rouge
23.	press TEE-zh	prestige	press TEE juss	prestigious
24.	ROO-zh	**rouge**	LOO-zh	luge
25.	day LOO-zh	deluge	day LOO zhiz	deluges

* Tricky Words:

college/collage	In a college art class, you might make a collage (kuh LAH'zh)
mirage/marriage	Love and marriage go together like a horse and carriage. A mirage (muh RAH'zh) is something that isn't there when you see it. Or it can be a French jet fighter plane, the Mirage.
message/massage	A messenger delivers a message. A masseur (muh SOOR) or masseuse (muh SOO-ss) gives a massage.

	Pronunciation Guide	**103rd day**	Pronunciation Guide	**104th day**
1.	f'YOO suh LAH'zh	fuselage	PAJ junt	pageant
2.	koh'r SAH'zh	**corsage**	PAJ un tree	pageantry
3.	muh SAH'zh iz	**## massages**	muh SAH'zh-d	massaged
4.	KAH lij	**## college**	KAH lij jiz	**colleges**
5.	PRIV lij	**privilege**	PRIV lij jiz	**privileges**
6.	SAK ruh lij	sacrilege	SAK ruh LIJ jus	sacrilegious
7.	uh BLYH'j	**oblige**	uh BLYH jing	obliging
8.	AH bluh GAY't	obligate	AH bluh GAY shunz	**obligations**
9.	VESS tij	vestige	VES tij jiz	vestiges
10.	h'YOO-j	**huge**	h'YOO-j lee	hugely
11.	SEN truh f'YOO-j	centrifuge	SEN truh f'YOO jiz	centrifuges
12.	SUB tur f'YOO-j	subterfuge	SUB tur f'YOO jiz	subterfuges
13.	Spell: et SET tur uh	**et cetera**	SAH'r junt	**sergeant**
14.	Abbreviate et cetera	etc.	in SUR jun-ss	insurgents
15.	KAM uh FLAH-zh'd	camouflaged	KAM uh FLAH zhing	camouflaging
16.	SUR jun	**surgeon**	SUR junz	**surgeons**
17.	SAB uh TOO-rz	saboteurs	VEN jun-ss	vengeance
18.	SAB uh TAH-zh'd	sabotaged	SAB uh TAH zhing	sabotaging
19.	KUR ij	**courage**	GOH'r juss	gorgeous
20.	kur RAY jus	**courageous**	kur RAY juss lee	courageously
21.	OW-t ray'j	**outrage**	DUN junz	dungeons
22.	ow't RAY jus	**outrageous**	PIJ junz	**pigeons**
23.	ad VAN tij	**advantage**	BLUH-d junz	bludgeons
24.	ad van TAY jus	**advantageous**	STUR junz	sturgeons
25.	day LOO-zh'd	deluged	ow't RAY jus lee	outrageously

* Look Alikes:

college/collage   In a college art class, you might make a collage (kuh LAH'zh).

mirage/marriage   Love and marriage go together like a horse and carriage. A mirage (muh RAH'zh) is something that isn't there but you see it. Or it can be a French jet fighter plane, the Mirage.

message/massage   A messenger delivers a message. A masseur (muh SOOR) or masseuse (muh SOO-ss) gives a massage.

	Pronunciation Guide	**105th day**	Pronunciation Guide	**106th day**
1.	TUF	**tough**	TUF un	**toughen**
2.	RUF	**rough**	RUF tup	**roughed** up
3.	ee NUF	**enough**	SLUF	** **slough**
4.	SLOO	* **slough**	SLOOZ	** **sloughs**
5.	THROO	* **through**	THROO WAY	**throughway**
6.	DOH	* **dough**	DOH nut	**doughnut**
7.	THOH	**though**	awl THOH	**although**
8.	THUR oh	**thorough**	THUR oh lee	**thoroughly**
9.	FUR loh	**furlough**	FUR lohz	**furloughs**
10.	KAW'f	**cough**	KAW'f-ss	**coughs**
11.	TRAW'f	**trough**	TRAW'F-ss	**troughs**
12.	EEVZ TRAW-f	* **eaves trough**	EEVZ TRAW-f'ss	**eaves troughs**
13.	PL'OW	* **plough**	PL'OW-z	* **ploughs**
14.	B'OW	* **bough**	b'OW-z	* **boughs**
15.	LAH'k (Ireland)	* **lough**	LAH'k-ss	* **loughs**
16.	LAH'k (Scotland)	* **loch**	LAH'k-ss	* **lochs**
17.	LAH'k	* **lock**	LAH'k-ss	**lox** and bagels
18.	J-OR-J	**George**	KAH lij	**college**
19.	J-OR-juh	**Georgia**	kuh LEE jun	**collegian**
20.	nah STAL zhuh	**nostalgia**	kuh LEE jit	**collegiate**
21.	nah STAL jik	**nostalgic**	NOH'r way	**Norway**
22.	noo RAL zhuh	**neuralgia**	noh'r WEE jun	**Norwegian**
23.	VESS tij	**vestige**	thee AH luh jee	**theology**
24.	vess TIJ'l	**vestigial**	THEE uh LOH junz	**theologians**
25.	ree LIJ jun	**religion**	ree LIJ jus	**religious**

* Homophones:

through/threw	When he got through eating the worms, he threw up.
throughout/threw out	Throughout the years, the president threw out the first ball to start the baseball season.
dough/doe/do	For enough dough, I would teach a doe to sing, "Do re me fa sol la ti do."
plough/plow	You can use a plow to plough or a plough to plow.
bough/bow	You can take a bow if the bough doesn't break.
lough/loch/lock	In the U.S. you can swim in a lake. In Ireland, it's a lough. In Scotland, it's a loch. A key opens a lock. Quays (pronounced as keys) are found along both loughs and lochs.
slough/slew	St. George slew the dragon in the slough.
slough/sluff	A snake will slough his skin. He sluffed a spade instead of trumping his partner's ace.
loughs/lochs/locks/lox	I like to eat lox but not loughs, lochs, or locks.

	Pronunciation Guide	**107th day**	Pronunciation Guide	**108th day**
1.	TUF fund	**toughened**	TUFF ning	toughening
2.	RUF lee	**roughly**	RUFF ist	roughest
3.	SLOO'z	sloughs	SLUFT	* sloughed
4.	REE jun	**region**	REE jun ul	regional
5.	THROO ow't	* **throughout**	abbrev. for that is	* **i.e.**
6.	DOH nut-ss	**doughnuts**	DOH	**dough**
7.	THUR oh fay'r	**thoroughfare**	THUR oh niss	**thoroughness**
8.	THUR oh	**thorough**	THUR oh lee	**thoroughly**
9.	FUR loh'd	furloughed	FUR loh ing	furloughing
10.	KAW'f-t	**coughed**	KAW fing	**coughing**
11.	KAW'f-drahp	**cough** drop	KAW'f drahp-ss	**cough** drops
12.	H'YH jeen	hygiene	h'YH JEN ist	hygienist
13.	PL'OW-d	* **ploughed**	PL'OW ing	ploughing
14.	Abbr. for example	* **e.g.**	WUN SENT	* **one cent**
15.	LAH'k FOY'l (Ireland)	**Lough** Foyle	SEN chur ree	**century**
16.	LAH'k Ness (Scot.)	**Loch** Ness	sen TAH vo	centavo
17.	kun TAY jun	contagion	SEN tuh peed	centipede
18.	kun TAY juss	**contagious**	sen TEN ee ul	**centennial**
19.	SAK ruh LIJ just	**sacrilegious**	SEN ten AY'r ee un	centenarian
20.	EE'r ruh LIJ jus	irreligious	SENT uh GRAY'd	centigrade
21.	PRAH duh jee	prodigy	SENT uh MEE tur	centimeter
22.	pruh DIJ jus	prodigious	sen CHUR ee un	centurion
23.	press TEE'zh	**prestige**	SEN chur eez	**centuries**
24.	pres TEE jus	prestigious	pur SENT	**per cent (percent)**
25.	LEE jun	legion	pur SENT ij iz	**percentages**

* Homophones:

throughout/threw out	All throughout the day, the inspectors threw out the gadgets that didn't pass.
hygiene/Hi Gene	Hi, Gene! What do you know about hygiene?
for example/e.g.	Many phrases can be abbreviated, e.g., for example.
that is/i.e.	Read the abbreviation of that is (i.e.) correctly, as "that is" not "EYE E."
tough/loch/lock	Lock up your boats whether on a lough in Ireland, a loch in Scotland, or a lake in the U.S.
ploughed/plowed	The American farmer plowed his field.; the British farmer ploughed his field.
dough/doe/do	Being able to spell "Doe, a female deer" plus "do re me fa sol la ti do" could make you a lot of dough if you were inclined to bet."
cent/scent/sent	The blood hound owner didn't charge a cent when the dog he sent lost the scent.

	109th day	110th day	111th day	112th day
1.	* **center**	**circumstantial**	**collaborate**	**combust**
2.	* **center**	circumvent	collaborator	combustion
3.	**central**	**circus**	collaboration	combustible
4.	centralize	coaxial	**collapse**	**comfort**
5.	centralization	co-ax	collate	**comfortable**
6.	centric	co-curricular	collation	**comfortably**
7.	egocentric	codefendant	collateral	**command**
8.	concentric	**coed**	**collect**	**commandment**
9.	centrifuge	coeducation	**collection**	! **commandant**
10.	centrifugal force	coefficient	collective	## **commander**
11.	centripetal	coequal	collectivism	## **commandeer**
12.	centrist	**coerce**	collector	**commemorate**
13.	**circle**	**coercion**	colleague	commemoration
14.	**circular**	coeternal	## **colleges**	**commence**
15.	**circuit**	co-evolve	collegiate	commencement
16.	circuitous	**coexist**	**collide**	commend
17.	circuitry	coexistence	**collision**	commendation
18.	**circulate**	cohere	colloquial	**recommend**
19.	**circulation**	coherent	colloquialism	**recommendation**
20.	circulatory	coincide	collusion	commensurable
21.	circumcision	coincident	**combat**	**comment**
22.	circumference	**coincidence**	combatant	commentary
23.	circumscribe	coincidental	**combine**	commentator
24.	circumspect	coincidentally	**combination**	**commerce**
25.	**circumstance**	co-inventor	combo	**commercial**

* **Homophones:**
center/centre   American spelling is center except when businesses and communities decide to use the "fancier" British spelling centre. Cf. theater/theatre.

! **Insane Words:**
commandant (KAH muh'n DAH'n-t)
A commandant is merely a base commander with a slightly fancier title with a slightly French pronunciation.

Tricky Words:
commander (kuh MAN dur)/commandeer (KAH muh'n DEER)
The police commander decided to commandeer a civilian's automobile to chase the bank robber.

	113th day	**114th day**	**115th day**	**116th day**
1.	commiserate	accompany	**comply**	**conceal**
2.	commissar	accompaniment	**complying**	**conceited**
3.	commissary	**comparison**	**compose**	conceive
4.	**commission**	compartment	**composition**	inconceivable
5.	**commit**	compartmental	composite	**concentration**
6.	**commitment**	**compassion**	non compos mentis	conception
7.	**committed**	compassionate	compost	conceptual
8.	**committee**	compensation	composure	**concert**
9.	commode	compensatory	compote	**concession**
10.	**accommodate**	compensate	**compound**	concierge
11.	**accommodations**	**competent**	**comprehend**	conciliatory
12.	commodore	**incompetent**	**comprehensive**	reconciliation
13.	**uncommonly**	**competence**	**comprehension**	**conclusive**
14.	**commotion**	**incompetence**	**compressed**	**conclusion**
15.	communicable	competitor	**compression**	concord
16.	**communicate**	**competition**	**compromise**	concordance
17.	**communication**	**competitive**	compulsion	concur
18.	! communiqué	**complete**	compulsive	concurrence
19.	communism	complement	compulsory	concurrently
20.	Communism	complementary	compute	**concussion**
21.	Communist	completion	computation	**condemn**
22.	commune	**compliment**	**compliments**	**complimenting**
23.	**community**	complimentary	computers	condemnation
25.	**companionship**	comportment	comprise	**condensation**

* **Homophones:**
complement/compliment   It was nice of you to compliment me on how my rugs complement the furniture and walls.
complementary/complimentary   The paint store gave complimentary samples of complementary colors of paints.

! **Insane Words:**
communiqué (Kuh m'YOO nuh KAY) We received a special communiqué informing us of his imminent arrival.
compromise (KAH'm pruh myhz) Sometimes you just have to compromise and break a promise.

	117th day	118th day	119th day	120 day
1.	condescend	**confide**	congeal	consecutive
2.	condescending	## **confident**	congested	**consent**
3.	condescension	**confidence**	conglomeration	consequent
4.	condiments	He is my ## **confidant**	congratulate	consequently
5.	**condition**	She is my ## **confidante**	**congratulations**	**consequences**
6.	**unconditional**	**confidential**	congregate	**conserve**
7.	preconditions	**confine**	congregation	**conservation**
8.	condolences	confinement	**congress**	conservationist
9.	**condone**	**confirm**	**congressional**	**conservative**
10.	** **conduct**	**confirmation**	**connect**	conservatively
11.	** **conduct**	confiscate	**connections**	conservatory
12.	conducive	confiscated	connoisseur	**consider**
13.	conduction	confiscation	connote	**considerable**
14.	* **conduit**	conflagration	connotation	**considerably**
15.	confection	**conflict**	**conquer**	**considerate**
16.	confectioner	**conform**	**conqueror**	**inconsiderate**
17.	confederate	conformist	**conquest**	**consist**
18.	confederacy	conformity	## **conscience**	consistency
19.	confederation	conformation	conscientious	**consistent**
20.	**confer**	confound	## **conscious**	**inconsistent**
21.	conferring	confounded	unconscious	** **console**
22.	**conference**	**confront**	consciousness	**consolation**
23.	**confess**	**confrontation**	consecrate	consolidate
24.	confession	**confuse**	consecrated	consolidation
25.	confessional	**confusion**	consecration	* **consommé**

**Heteronyms:
conduct ("KAH'n duct")/conduct ("kun DUK't") He received a good conduct medal but he still doesn't know how to conduct an orchestra.
console ("kun SOH'l")/console ("KAH'n sohl") It is hard to console a person who has just broken a console.

* Homophones:
conduit/khan do it/con do it) If the khan wants more electrical conduit laid, let the Khan do it or have a con do it.

Tricky Words:
confident ("Kah'n fuh dint")/confidant ("KAH'n fuh DAH'n-t")/confidante ("KAH'n fuh DAH'n-t"). I am confident that Jack can be my confidant and Jill my confidante.
conscience ("KAH'n shun-ss")/conscious ("KAH'n shus") Let your conscience be your guide. Be conscious of what you're doing at all times.

Evaluation Test #3
(After 120 Days)

		Pattern being tested	Lesson word is in
1.	It was a very de**cisive** victory.	cisive	77
2.	Square circles are beyond my compreh**ension**.	ension	79
3.	Who is respons**ible** for getting you here on time?	ible	81
4.	Do you take respons**ibility** for your own actions?	ibility	83
5.	My friend is suffering from depr**ession.**	ession	82
6.	Did she get elected to the state legis**lature**?	lature	87
7.	It is imper**ative** that you be here on time.	ative	89
8.	The dog inst**inctively** began to growl at the intruder.	inct+ive+ly	96
9.	He showed no sensi**tivity** to her feelings.	tiv(e)+ity	98
! 10.	Were you de**scribing** me?	scrib(e) + ing	! 99
11.	I'm not sure I like your de**scription**.	scrip + tion	100
12.	Have you ever heard of male intu**ition**?	ition	98
13.	That's a real oasis, not a mir**age**.	age="Ahzh"	101
14.	Should your r**ouge** match your lipstick?	oughe="Oozh"	101
15.	What's the difference between coll**eges** and universities?	ege="ij"	103
16.	Charging $5.00 for a cup of coffee is outra**geous**.	geous="jus"	103
17.	You can put that in the **circular** file.	circ/ular	109
18.	Why carry coll**ision** insurance on an old junker?	ision="izh un"	111
19.	The salesperson earned a hefty comm**ission**.	ission="Ish un"	113
20.	Please regard this information as confid**ential**.	ential="en shul"	118

! This word was never given. However, the patterns necessary to spell the word, were given.

Name_____   Date_____

Evaluation Test #3

1. It was a very de_____ victory.
2. Square circles are beyond my compreh_____.
3. Who is respons_____ for getting you here on time?
4. Do you take respons_____ for your own actions?
5. My friend is suffering from depr_____.
6. Did she get elected to the state legis_____?
7. It is imper_____ that you be here on time.
8. The dog inst_____ began to growl at the intruder.
9. He showed no sensi_____ to her feelings.
10. Were you de_____ me?
11. I'm not sure I like your de_____.
12. Have you ever heard of male intu_____?
13. That's a real oasis, not a mir_____.
14. Should your r_____ match your lipstick?
15. What's the difference between coll_____ and universities?
16. Charging $5.00 for a cup of coffee is outra_____.
17. You can put that in the _____ file.
18. Why carry coll_____ insurance on an old junker?
19. The salesperson earned a hefty comm_____.
20. Please regard this information as confid_____.

	121st day	122nd day	123rd day	124th day
1.	* **consonants**	consultant	**continuously**	converging
2.	* **consonance**	consultation	contortionist	converse
3.	dissonance	**consume**	contour	**conversation**
4.	consort	**consumer**	**contribute**	conversational
5.	**conspicuous**	consumption	**contributions**	to ** con**vert**
6.	**conspire**	**contact**	**contributors**	a ** con**vert**
7.	**conspiracy**	**contagious**	contrite	**conversion**
8.	**conspirators**	**contain**	contrition	converter
9.	constable	**container**	contrive	**convertible**
10.	constant	containment	contrivance	convex
11.	constancy	contaminate	**control**	convey
12.	constantly	contaminants	**controls**	conveyance
13.	constellation	contemporary	**controlled**	conveyer belt
14.	**constitute**	**contempt**	**controlling**	to con**vict** a man
15.	constituent	contemptible	controller	He is a **con**vict.
16.	constituency	the ** **con**tent	convalescence	convicted
17.	**constitution**	to be con**tent**	convalescent	**conviction**
18.	**unconstitutional**	contention	convection	five **convicts**
19.	constrain	contentious	**convenient**	convoy
20.	constraint	** a **con**test	**conveniently**	convulse
21.	**constrict**	to con**test** a will	**convenience**	convivial
22.	**construct**	**continent**	**conveniences**	conviviality
23.	**construction**	**continental**	**convention**	**convince**
24.	consul	contingent	**unconventional**	**convincing**
25.	consult	continuance	converge	unconvinced

* Homophones:
consonants/consonance   The letters bcdfghjklmnpqrstvwxyz are usually consonants, while consonance is accord, agreement or harmony of sounds.

** Heteronyms:
content ("kun TENT")/content ("KAH'n tent") I am content to understand the content of this sentence.
contest ("kun TEST")/contest ("KAH'n test") I will not contest the results of the contest.
convert ("kun VERT")/convert ("KAH'n vert") You don't have to convert him. He already is a convert.
convict ("kun VIK't")/convict ("KAH'n vikt") It's not hard to convict someone who has been a convict before.
consult (kun SUL't)/consult (KAH'n sult) If a doctor needs to consult another doctor, it is called a consult (short for consultation).

 # Tricky Words:
consume ("kun SOO'm")/consommé ("kAH'n sum MAY") It's hard not to consume a bowl of good consommé..

	125th day	126th day	127th day	128th day
1.	contraband	counterweight	declassify	declassified
2.	contraception	deactivate	deactivated	deactivating
3.	contraceptives	debacle	debacles	decode
4.	**contradict**	**contradicts**	**contradicted**	**contradiction**
5.	contradictory	debase	debased	debasing
6.	**contrary**	debate	debating	debatable
7.	**contrast**	**contrasts**	**contrasted**	**contrasting**
8.	contretemps	debrief	debriefs	debriefed
9.	**controversy**	**controversies**	**controversial**	decompose
10.	counteract	counteracts	counteracted	counteracting
11.	countercharge	countercharges	countercharged	countercharging
12.	counterclockwise	**! debris**	**! debris**	decomposition
13.	counterespionage	debilitate	debility	debilitating
14.	counterfeit	counterfeits	counterfeited	counterfeiting
15.	counterfeiter	**! debonair**	decayed	decaying
16.	counterintelligence	**decay**	**! decadent**	**! decadence**
17.	countermand	countermands	countermanded	countermanding
18.	countermeasure	decease	**deceased**	decedent
19.	counteroffensive	deceit	deceitful	deception
20.	countermove	**deceive**	**deceptive**	deceptively
21.	counterpane	**decide**	**decidedly**	**decision**
22.	counterpart	**decisive**	decisively	indecisive
23.	counterpoint	**declare**	declared	declaring
24.	counterrevolution	**declaration**	decompress	decompression
25.	countersink	declassify	**! déclassé**	decontaminate

! Insane Words:

debris ("duh BREE") After a flood hurricane or tornado there is always a lot of debris to clean up.
decadent ("DEK uh dint") A person whose morals have decayed is said to be decadent.
decadence ("DEK un din-ss") The state of being morally decayed, morally bankrupt, and living in luxury is decadence.
debonair ("DEB uh n'ay'r") Most young men like to consider themselves to be debonair, really cool.
déclassé (DAY klah SAY) It is not chic to go to a restaurant that is déclassé.

	129th day	130th day	131st day	132nd day
1.	declassifying	defer	degrade	**delinquent**
2.	decompose	deference	degradation	**delinquency**
3.	decomposition	deferential	**degree**	**delirious**
4.	decompression	deferment	dehumanize	delirium
5.	decontaminate	deferred	dehumidify	**deliver**
6.	**decrease**	**defiance**	dehydrate	deliverance
7.	decree	**defy**	dehydration	**delivery**
8.	decrepit	**defiant**	*de jure*	**deliveries**
9.	**dedicate**	defiance	*de facto*	delouse
10.	**dedication**	**deficit**	**delay**	**delete**
11.	deduce	**deficient**	delayed	deletion
12.	**deduct**	deficiency	to ** delegate	delusion
13.	**deduction**	defile	a ** delegate	demand
14.	**deductible**	**define**	delegation	**deluxe**
15.	deductive	**definition**	delete	**demands**
16.	deface	**definite**	deleterious	demarcation
17.	*de facto*	**definitely**	to ** **deliberate**	dematerialize
18.	default	deflect	to be **deliberate**	demeanor
19.	defeat	deflection	**deliberately**	dementia
20.	** defect	defraud	deliberation	demented
21.	** defect	deformity	delicacy	demerits
22.	**defend**	defray	delicatessen	demilitarized zone
23.	** **defendant**	defrock	delicately	demise
24.*	**defense** (defence)	defrost	**delicious**	demolish
25.*	**defensive** (defencive)	defunct	**delightful**	demolition

* Homophones:
defense/defence Americans believe in a strong defense; the British, a strong defence.
defensive/defencive The Americans practiced defensive maneuvers, the British practiced defencive manoeuvres.

** Heteronyms:
delegate The delegate (DEL uh git) from New York tried to delegate (DEL uh GAY't) his responsibility to a volunteer.
deliberate When you deliberate (duh LIB ur RAY't) you make a deliberate (duh LIB uh rit) attempt to think about what you're about to do or not do, should do or shouldn't do.
defendant In normal usage, defendant rhymes with independent. Lawyers, however, (afraid of misspelling?) usually stress the ant ending making defendant rhyme with "the end CAN'T."

 # Tricky Words:
decree/degree By the king's decree the temperature in the palace was set one degree higher.

	133rd day	134th day	135th day	136th day
1.	**demonstrate**	deplete	desalt	desolate
2.	demonstrators	deplore	**descend**	desolation
3.	**demonstration**	deplorable	condescend	**desperate**
4.	**deny**	deploy	condescension	desperado
5.	**undeniable**	deport	descendant	**despise**
6.	denouement	deportation	**describe**	despicable
7.	denounce	deportment	**description**	**despite**
8.	nominate	depose	**descriptive**	despondent
9.	nomination	**deposit**	desecrate	despondency
10.	denomination	depository	desecration	a sandy * **desert**
11.	denominator	deposition	desegregate	destined
12.	deodorize	! **depot**	desegregation	**destiny**
13.	**deodorant**	depraved	desensitize	predestined
14.	**depart**	depravity	to **desert** a ship	**destination**
15.	**department**	depreciate	**desertion**	predestination
16.	**departure**	depreciation	he ate two **desserts**	destitute
17.	departmental	**depressed**	**deserve**	**destroy**
18.	**depend**	**depression**	**design**	**destruction**
19.	**dependable**	deprived	designation	**indestructible**
20.	**dependability**	deputy	designate	**destructive**
21.	* **dependents**	derange	**desire**	**detach**
22.	* **dependence**	derisive	desirous	detachment
23.	* **independence**	derived	desirable	**details**
24.	* **independents**	derivative	cease and desist	detain
25.	depict	* **derriere**	**despair**	detention

* Homophones:
desert/dessert   No one should desert a ship just because they didn't get an extra dessert after dinner.
dairy heir/derriere   The London Dairy heir fell on his derriere while singing the Londonderry Air.
! Insane Words:
depot ("DEE poh")   Have you ever spent much time in a bus depot?
** Heteronyms:
desert ("dee ZURI't") or ("DEZ zurt") One should desert a ship just to stay on a desert island.

	137th day	138th day	139th day	140th day
1.	**detect**	**# device**	diagnostics	**difficult**
2.	**detectives**	devious	diagnostician	**difficulties**
3.	detection	**# devise**	diagonal	**difficulty**
4.	détente	devoid	**dialect**	digest
5.	**determine**	devoted	dialogue	digestible
6.	**determination**	devotion	dialysis	indigestion
7.	deter	**devour**	**diameter**	digestive tract
8.	deterrent	devout	diametrically	digress
9.	detergent	**decade**	**diamond**	digression
10.	deteriorate	**Dec**alogue	**diapers**	dilapidated
11.	**detest**	**December**	diaphanous	dilate
12.	detestable	decibel	diaphragm	dilemma
13.	dethrone	**decimal**	* diarrhea	diligent
14.	detonate	decimate	* diarrhoea	dimension
15.	detonation	demi-	diatribe	three dimensional
16.	detonator	demigod	dichloride	diminish
17.	**detour**	demigoddess	dichotomy	diminutive
18.	**detract**	**diabetes**	dichotomize	diocese
19.	detriment	**diabetic**	**differ**	diocesan
20.	detrimental	diabolic	**different**	diode
21.	**develop**	diabolism	**difference**	diphthong
22.	**development**	**diagnose**	**indifferent**	diplomat
23.	**undeveloped**	**diagnosis**	differential	diplomacy
24.	deviate	**diagnoses**	differentiate	diplomatic
25.	deviation	**diagnostic**	indifference	diploma

 # Tricky Words
device (duh VYH-ss) / devise (dee VYH-z) A device is a thing-a-ma-jig that you use to do something with.
                                Sometimes you have to devise a way to do something.
symbol/cymbal   The cymbal could be a symbol for a band.

* Homonyms:
diarrhea (American spelling) / diarrhoea (British spelling)

	141st day	142nd day	143rd day	144th day
1.	* **direct**	**disburse**	* **discrete**	**disintegrate**
2.	**directions**	disbursements	* **discreet**	disintegration
3.	directional	**discard**	discretion	disinterested
4.	**director**	discern	discretionary funds	dislocated
5.	**disability**	discernible	discriminate	dislocation
6.	**disabilities**	discharge	discriminatory	dislodged
7.	**disabled**	**disciple**	**discrimination**	**disloyal**
8.	disadvantaged	**discipline**	**discuss**	dismal
9.	**disagree**	disciplinary	discussion	dismay
10.	disagreeable	disciplinarian	disdain	dismember
11.	**disappear**	disclaimer	disdainful	**dismiss**
12.	**disappearance**	disclose	**disease**	**dismissed**
13.	**disappoint**	disclosure	## **diseased**	dismissal
14.	**disappointment**	**discolored**	* **disfavor**	dismount
15.	**disapprove**	discoloration	disfigured	disobedient
16.	disapproval	disconcerted	disenfranchised	disobedience
17.	**disarm**	discontinued	**disgust**	**disobey**
18.	disarmament	**discount**	**disgusted**	**disorder**
19.	**disaster**	**discourage**	disgustingly	**disorderly**
20.	disastrous	discouragement	**dishonest**	disorganized
21.	disavow	discover	* dishonesty	disorganization
22.	disband	discovery	* **dishonor**	disoriented
23.	disbar	discoveries	* **dishonour**	disowned
24.	disbarred	discredit	* **dishonorable**	disparage
25.	**disbelief**	discredit	**dishonourable**	disparagement

* Homophones:

discussed/disgust   It was with great disgust that we allowed that distasteful subject to be discussed. Note: Technically these two words are not homophones, but in general usage, we rarely distinguish between the hard /k/ and hard /g/ in the medial position.

disfavor (American spelling) / disfavour (British spelling)
dishonor (American spelling) / dishonour (British spelling)

Tricky Words:

diseased/deceased Anyone who eats the meat from diseased cattle may end up being deceased (dead!).

	145th day	146th day	147th day	148th day
1.	disparity	disrespect	distilled water	divisive
2.	dispatch	disrespectful	distillation	divisor
3.	dispatches	disrobe	distillery	**divorce**
4.	dispel	**disrupt**	**distinct**	**divorcee**
5.	**dispense**	**disruptive**	**distinction**	divulge
6.	indispensable	**disruption**	**distinguished**	**divine**
7.	**dispenser**	**dissatisfied**	**distinctive**	divinity
8.	disperse	dissatisfaction	distorted	**guarantee**
9.	**displease**	dissect	distortion	**guard**
10.	displeasure	dissection	distract	**guardian**
11.	**displaced**	dissent	**distraction**	guardrail
12.	displacement	dissenter	**distress**	* **guerilla**
13.	**display**	dissident	distribute	* **gorilla**
14.	dispose	* **dissidents**	**distribution**	We * **guessed** it.
15.	**disposal**	* **dissidence**	distributor	Be my **guest**.
16.	**disposition**	disservice	**district**	**guide**
17.	**disprove**	dissipate	distrust	guidance
18.	disputed	dissipation	**disturbing**	**their guild**
19.	indisputable	**dissolve**	disturbances	* **gild** a lily
20.	disqualify	dissolution	diverse	guile
21.	disqualified	dissuade	diversify	guileless
22.	disqualification	**distant**	diversion	guillotine
23.	**disregard**	**distance**	**divide**	**guilt**
24.	disreputable	distasteful	dividends	**guilty**
25.	disrepute	distemper	**division**	guitar

* Homophones:

dissidents/dissidence	The dissidents were arguing among themselves causing greater dissidence.
guerilla/gorilla	If you kill a guerilla you have killed a soldier. If you kill a gorilla, you have killed a defenseless animal. Well, almost defenseless.
guessed/guest	We guessed that the guest of honor would be roasted as well as toasted.
hero/here row	Listen here row one, nobody's a hero.
guild/gild	The Screen Writers' Guild knows better than to gild a lily.
guilt/gilt	The lust for gold gilt can make a monk feel guilt within his soul.

Note: Starting with the word *guarantee* there are over 100 examples of words having the gu- digraph. The u in this case is not a vowel. It is part of a two letter combination (digraph) that gives the hard "guh" sound. This digraph appears both at the beginning and at the ends of words. When it occurs at the end of words it is always followed by a silent e, forming the –gue ending as in vague, vogue, pirogue, rogue, intrigue, etc.

	149th day	**150th day**	**151st day**	**152nd day**
1.	Under the **guise** of..	rogue	rogues	**mischief**
2.	**disguise**	brogue	brogues	**mischievous**
3.	**two guys**	**vogue**	bogue	Bogue St.
4.	**league**	**leagues**	pirogue	pirogues
5.	colleague	colleagues	**morgue**	morgues
6.	beleaguer	beleaguers	beleaguered	**although**
7.	the Hague	Tom Hague's car	Mr. Sprague	Ms. Sprague's car
8.	**plague**	plagues	plagued	plaguing
9.	**vague**	vaguely	**vaguest idea**	*** all through**
10.	* renegue (British)	renegues	renegued	reneguing
11.	* renege (American)	reneges	reneged	reneging
12.	intrigue	intrigues	intrigued	thorough
13.	**fatigue**	fatigues	fatigued	fatiguing
14.	harangue	harangues	harangued	haranguing
15.	meringue	distingué	fugue	fugues
16.	**tongue**	**tongues**	**tongue**	**tongues**
17.	pedagogue	pedagogues	pedagoguery	thoroughbred
18.	demagogue	demagogues	demagoguery	**even though**
19.	synagogue	synagogues	poinsettia	poinsettias
20.	dialogue	dialogues	travelogue	trivia
21.	Decalogue	analogue	analogues	Olivia
22.	monologue	monologues	dyslexia	dyslexia
23.	prologue	prologues	dyslexic	asphyxiation
24.	epilogue	epilogues	asphyxia	asphyxiated
25.	* **catalogue**	catalogues	* **catalog**	catalogs

* Homophones:

guise/guys	Under the guise of being repairmen the two guys walked into the office.
catalogue/catalog	You have your choice of a free catalogue or a free catalog.
catalogues/catalogs	You can have catalogues or you can have catalogs.
all threw/all through	When they were all through partying, they all threw up—their hands.

	153rd day	154th day	155th day	156th day
1.	cubical	focal	grammatical	grammatically
2.	**radical**	radicals	**radically**	**rascals**
3.	**medical**	medically	mystical	mystically
4.	**surgical**	**surgically**	**practical**	**practically**
5.	**ethical**	**ethically**	tactical	**tactically**
6.	cyclical	cyclically	poetical	poetically
7.	encyclical	encyclicals	**critical**	**critically**
8.	chemical	chemically	skeptical	skeptically
9.	rhythmical	rhythmically	optical	optically
10.	comical	comically	vertical	vertically
11.	**technical**	**technically**	nautical	nautically
12.	clinical	clinically	quizzical	quizzically
13.	stoical	stoically	**vocal**	vocally
14.	cynical	cynically	**local**	**locally**
15.	tropical	tropically	reciprocal	reciprocally
16.	topical	topically	fiscal	fiscally
17.	**typical**	**typically**	* ## medal	* ## medals
18.	stereotypical	stereotypically	* ## metal	* ## metals
19.	spherical	spherically	* ## pedal	* ## pedals
20.	clerical	clerically	* ## petal	* ## petals
21.	**theatrical**	theatrically	tidal	suicidal
22.	whimsical	whimsically	**scandal**	scandals
23.	farcical	farcically	vandal	vandals
24.	**classical**	classically	sandal	**sandals**
25.	**musical**	musically	feudal	feudalism

* Homophones:
medal/meddle/ "metal"   Never meddle with a man who has a medal of honor. Gold is a metal with a metallic color.
pedal/peddle/ "petal"   I said, "Go pedal your bike." I didn't tell you to peddle it for a dime. A flower has more than one petal.

Note: The "t" sound in the medial position is usually pronounced "d" in normal speech, hence these words could also qualify as homophones. Trying to force children to correctly pronounce the words by emphasizing the "t" in metal and petal could be a losing battle.

	157th day	**158th day**	**159th day**	**160th day**
1.	**legal**	legally	* **cereal**	thermal
2.	**illegal**	illegally	* **serial**	thermos
3.	regal	regally	**burial**	thermometer
4.	prodigal	prodigals	**trial**	**formal**
5.	madrigal	madrigals	terra firma	**formally**
6.	frugal	frugally	terrace	**informal**
7.	conjugal	conjugation	terrain	formality
8.	Portugal	Portuguese	terrestrial	**normal**
9.	adverbial	**colony**	**industry**	**normally**
10.	proverbial	**colonies**	**industries**	abnormal
11.	connubial	colonial	**industrial**	dismal
12.	bronchial	baronial	controversy	baptismal
13.	bronchitis	colloquial	controversies	anus
14.	radial	aerial	**controversial**	anal
15.	medial	**imperial**	trivia	per annum
16.	remedial	**material**	trivial	**annual**
17.	custodial	bacterial	convivial	annually
18.	parochial	arterial	By Jove	banal
19.	filial	**memorial**	jovial	penal
20.	genial	factorial	alluvial	penance
21.	congenial	pictorial	**decimal**	**penalty**
22.	menial	**editorial**	**animal**	arsenal
23.	venial	sartorial	**prime**	**signal**
24.	centennial	tutorial	primal	signify
25.	bicentennial	ethereal	mammal	significance

* Homophones:

cereal/serial   We eat cereal for breakfast. The police were looking for a serial killer.

Evaluation Test #4
(After 160 Days)

		Pattern Being Tested	Lesson word is in
1.	Nobody really likes to receive cr**iticism**.	it+ic+ism	119
2.	We should feel **sympathy** towards those less fortunate.	sym+path+y	121
3.	There are different kinds of pen**alties**.	al+t(y)+ies	122
4.	A soldier on leave can wear **civilian** clothes.	civil+i+an	125
5.	They calmed the lion with a tr**anquilizer**.	anq+uil+izer	127
6.	My house could use a little modern**ization**.	ern+iz(e)+ation	132
7.	We are all good at **memorizing** different things.	or(y)+iz(e)+ing	132
8.	We should all show some sen**sitivity** towards others.	s(e)+i+tiv(e)+ity	136
9.	That dessert looks awfully a**ppetizing**.	ppet+iz(e)+ing	136
10.	Would you try to be more sp**ecific**?	ec+if+ic	138
11.	Choosing Mary was a strat**egic** move.	eg(y)+ic	139
12.	Al**coholic** beverages are served in bars.	co+hol+ic	141
13.	Which car is the most e**conomical** to drive?	con+om+ic+al	144
14.	**Microscopic** organisms are hard to see.	micro+scop(e)+ic	148
15.	Basketball players are **typically** taller than golfers.	typ(e)ic+al+ly	148
16.	**Historically**, the Middle East has been fought over.	histor(y)+ic+al+ly	151
17.	The woman next door is an **electrician**.	elec+tr+ician	152
18.	We should **automatically** say "Please" and "Thank you."	auto+mat+ic+al+ly	156
19.	His answer appeared to be **apologetic**.	apolog(y)+et+ic	157
20.	How many **politicians** does it take to tell the truth?	polit(e)+icians	159

Name_____ Date_____

Test #4

1. Nobody really likes to receive cr_____.
2. We should feel _____ towards those less fortunate.
3. There are different kinds of pen_____.
4. A soldier on leave can wear _____ clothes.
5. They calmed the lion with a tr_____.
6. My house could use a little modern_____.
7. We are all good at _____ different things.
8. We should all show some sen_____ towards others.
9. That dessert looks awfully a_____.
10. Would you try to be more sp_____?
11. Choosing Mary was a strat_____ move.
12. Al_____ beverages are served in bars.
13. Which car is the most e_____ to drive?
14. _____ organisms are hard to see.
15. Basketball players are _____ taller than golfers.
16. _____, the Middle East has been fought over.
17. The woman next door is an _____.
18. We should _____ say "Please" and "Thank you."
19. His answer appeared to be _____.
20. How many _____ does it take to tell the truth?

	161st day	**162nd day**	**163rd day**	**164th day**
1.	**final**	doctrine	sectional	**eternal**
2.	finalist	doctrinal	**functional**	eternally
3.	**finally**	indoctrinate	**emotional**	**eternity**
4.	spine	indoctrination	emotionally	internal
5.	spinal	urine	**exceptional**	**external**
6.	cardinal	urinal	exceptionally	nocturnal
7.	**origin**	urination	**optional**	tribunal
8.	originate	* **hymn**	proportional	communal
9.	**original**	hymnal	**personal**	papal
10.	**originally**	**autumn**	**personally**	* **principal**
11.	**originality**	autumnal	**personality**	* **principals**
12.	**crimes**	diagonal	tonal	principality
13.	**criminal**	**national**	zonal	a moral **principle**
14.	**criminology**	international	carnal	moral **principles**
15.	criminologist	nationalist	carnival	municipal
16.	nominal	nationalism	carnivorous	municipality
17.	nominally	nationally	**soup du jour**	cerebral
18.	nom de plume	rational	**journal**	cathedral
19.	nominate	rationalism	journalist	**liberal**
20.	nomination	rationalist	journalism	numeral
21.	denomination	motives	maternal	**generally**
22.	**term**	motivation	maternity	generations
23.	terminate	motivational	fraternal	**mineral**
24.	**terminal**	fractions	fraternity	**funeral**
25.	terminally	fractional	paternal	literal

* **Homophones:**
hymn/him   She sang his favorite hymn to him.
principal/principle   A principal should be more than a pal. He is the main man. PrincipAl; pAl, mAin, mAn
A principle is a rule. The letters LE are the last two letters of RULE and principle.
principal's principles   The principal's principal principles are the main man's rules.

	165th day	**166th day**	**167th day**	**168th day**
1.	lateral	doctoral studies	**thoughtful**	**psychos**
2.	collateral	**pasture**	thoroughfare	**psychics**
3.	**several**	**pastor**	technical	**psychiatry**
4.	integral	pastoral	**technicality**	**psychiatrist**
5.	integrity	* center	centrist	**psychiatric**
6.	integrate	* centre	eccentric	psychedelic
7.	integer	**central**	eccentricity	**chaos**
8.	sepulcher	ventral	eccentricities	**chaotic**
9.	sepulchral	* **neuter**	**mechanic**	scholar
10.	admiral	* **neutre**	mechanically	scholastic
11.	**oral**	neutral	**technique**	cholesterol
12.	**morally**	neutrality	stomach ache	**character**
13.	**immoral**	**morality**	* ! **euchre**	characteristics
14.	**mortal**	## **immorality**	* ! **pinochle**	uncharacteristically
15.	mortally	**mortality**	**echo**	trough
16.	**immortal**	## **immortality**	**echoes**	eaves trough
17.	amoral	amorality	architect	architects
18.	! * **mores**	mischief	architecture	architecturally
19.	* **coral**	**mischievous**	architectural	coughing
20.	* **choral**	chorale	**psych**	laughing
21.	chorus	choruses	**psyche**	* **ploughing**
22.	mayoral	**although**	**psychic**	* **plowing**
23.	temporal	* **throughout**	**psycho**	furlough
24.	corporal	**thoroughly**	**psychology**	**Loch** Ness
25.	pectoral	**even though**	**psychologist**	Irish * **loughs**

* Homophones:

more rays/mores	Do the mores of sun worshipers include respecting more rays than just the sun's?
coral/choral	The choral group sang a song about a coral reef.
throughout/threw out	Throughout the night, the cleaning crew threw out all the trash they collected.
euchre/you cur	Be careful whom you call, "You, cur" when you're playing euchre.
pinochle/pea knuckle	If peas were to have hands, could a pea knuckle play pinochle?
pastor/passed her/past her	When the pastor walked past her, he wondered if he should have passed her.
loughs/lox/locks/lochs	Lox go great with bagels; locks go with keys; Irish loughs and Scotland's lochs go with quays and are also great for boating and fishing.

> **Note for days 169-180**: We left these lists open for you to create your own lists of words that might need more review before the year ends.

	169th day	**170th day**	**171st day**	**172nd day**
1.	_____	_____	_____	_____
2.	_____	_____	_____	_____
3.	_____	_____	_____	_____
4.	_____	_____	_____	_____
5.	_____	_____	_____	_____
6.	_____	_____	_____	_____
7.	_____	_____	_____	_____
8.	_____	_____	_____	_____
9.	_____	_____	_____	_____
10.	_____	_____	_____	_____
11.	_____	_____	_____	_____
12.	_____	_____	_____	_____
13.	_____	_____	_____	_____
14.	_____	_____	_____	_____
15.	_____	_____	_____	_____
16.	_____	_____	_____	_____
17.	_____	_____	_____	_____
18.	_____	_____	_____	_____
19.	_____	_____	_____	_____
20.	_____	_____	_____	_____
21.	_____	_____	_____	_____
22.	_____	_____	_____	_____
23.	_____	_____	_____	_____
24.	_____	_____	_____	_____
25.	_____	_____	_____	_____

These should be the words you and your children have selected for final review.

	169th day	170th day	171st day	172nd day
1.				
2.				
3.				
4.				
5.				
6.				
7.				
8.				
9.				
10.				
11.				
12.				
13.				
14.				
15.				
16.				
17.				
18.				
19.				
20.				
21.				
22.				
23.				
24.				
25.				

These should be the words you and your children have selected for final review.

FINAL EVALUATION TEST

		Pattern being tested	Lesson word is in
1.	Don't make a big prod**uction** out of it.	-uction	4
2.	We won the game on a technic**ality**.	ch=k/ality	13
3.	I enjoy watching some commer**cials**.	cial="shul"	27
4.	Gold is considered to be a pre**cious** metal.	ci=sh/ous=us	29
5.	We just had time to get to the conc**ession** stand.	ession	36
6.	Did you hear that expl**osion**?	osion	36
7.	I'm sending you a big bou**quet** of roses.	quet=KAY	65
8.	Tom's fianc**ée** is planning a surprise for him.	ée=AY	65
9.	Don't step on my blue s**uede** shoes.	u=w/e=AY	65
10.	I think they're suffering from exh**austion**.	au/stion	64
11.	That's a real oasis, not a mir**age**.	age=Ahzh	101
12.	Did she get elected to the state legis**lature**?	lature	87
13.	Charging $5.00 for a cup of coffee is outra**geous**.	geous=jus	103
14.	The salesperson earned a hefty comm**ission**	ssion=shun	113
15.	Please regard this information as confid**ential**.	ential=en shul	118
16.	The judge ruled that the law was unconstit**utional**.	ution+al	56
17.	Two of the accident victims were crit**ically** injured.	ic+al+ly	156
18.	Do you know who wrote that edit**orial**?	or+I+al	158
19.	How many major lea**gues** are there?	-gues	150
20.	They need to establish a dial**ogue**.	-ogue	149
21.	Most teachers appreciate a little origin**ality**.	ality	161
22.	Most crim**inals** spend their lives in and out of prison.	-inals	161
23.	Who needs indus**trial** strength mouthwash?	-trial=tree'll	159
24.	A good doctor should be a good diagnost**ician**	ician	139
25.	I haven't the v**aguest** idea what you're talking about.	ague+est	151

Name_____   Date_____

Final Evaluation Test

1. Don't make a big prod_____ out of it.
2. We won the game on a tech_____ .
3. I enjoy watching some commer_____.
4. Gold is considered to be a pre_____ metal.
5. We just had time to get to the conc _____ stand.
6. Did you hear that explo_____ ?
7. I'm sending you a big bou _____ of roses.
8. Tom's fianc _____ is planning a surprise for him.
9. Don't step on my blue s_____ shoes.
10. I think they're suffering from exh_____.
11. That's a real oasis not a _____.
12. Did she get elected to the state _____?
13. Charging $5.00 for a cup of coffee is outra_____.
14. The salesperson earned a hefty comm_____.
15. Please regard this information as confid_____ .
16. The judge ruled that the law was unconstit_____.
17. Two of the accident victims were crit_____injured.
18. Do you know who wrote that edit_____?
19. How many major lea_____ are there?
20. They need to establish a dial_____ .
21. Most teachers appreciate a little origin_____ .
22. Most crim_____ spend their lives in and out of prison.
23. Who needs indus_____ strength mouthwash?
24. A good doctor should be a good diagnost_____ .
25. I haven't the v_____ idea what you're talking about.

NOTES

NOTES